Cómo Comprar su Primera Casa

Diana Brodman Summers
Abogada

SPHINX
AN IMPRINT
NAPERVILLE, ILLINOIS
www.SphinxLegal.com

Primera Edición: 2005

Publicado por: **Sphinx® Publishing, Impresión de Sourcebooks, Inc.®**

Naperville Office
P.O. Box 4410
Naperville, Illinois 60567-4410
630-961-3900
Fax: 630-961-2168
www.sourcebooks.com
www.SphinxLegal.com

Esta publicación está destinada a proporcionarle información correcta y autorizada respecto a los asuntos cubiertos. Se vende entendiéndose que la editorial no se compromete a suministrar servicios legales o contables, ni ningún otro tipo de servicios profesionales. Si se requiere asesoramiento legal u otro tipo de consulta profesional, se deberán contratar los servicios de un profesional competente.

De una Declaración de Principios aprobada conjuntamente por un Comité de la Asociación Americana de Colegios de Abogados y un Comité de Editoriales y Asociaciones

Este libro no reemplaza la ayuda legal.
Advertencia requerida por las leyes de Texas.

Library of Congress Cataloging-in-Publication Data
Summers, Diana Brodman.
[How to buy your first home. Spanish]
Cómo comprar su primera casa / by Diana Brodman Summers.-- 1. ed.
    p. cm.
ISBN 1-57248-487-X (pbk. : alk. paper)
1. House buying--United States. 2. Residential real
estate--Purchasing--United States. 3. Mortgage loans--United States. I.
Title.

HD259.S8618 2005
643'.12'0973--dc22   2005002258

Printed and bound in the United States of America.
VP — 10 9 8 7 6 5 4 3 2 1

Sumario

Introducción

Una casa puede ser lo más importante en la vida de una persona. Representa estabilidad y seguridad. Mantiene nuestros sueños y esperanzas para el futuro. Aún cuando los amigos nos abandonen, y la familia pase a mejor vida, todavía tenemos nuestra casa para que sea el santuario que nos protege de los problemas de la vida. La gente se ata mucho a su casa y la estructura se convierte en sus raíces; el cuadro mental que la mente bosqueja cuando alguien dice la palabra "casa, hogar."

Mis padres compraron una casa en toda su vida. Esta casa se convirtió en el centro de cada actividad familiar importante, aún cuando todos los hijos se fueron para formar su propio hogar. Éste era el lugar al que todos volvíamos para las fiestas, las crisis, y cuando queríamos sentirnos niños otra vez. Este sentimiento universal es la razón por la cual hasta hoy en día el comprar una casa se considera "El Sueño Americano."

Capítulo 1

Prepararse una Hipoteca

Hacerse calificable para una hipoteca es algo que debería empezarse antes de ir a buscar casas en el mercado. A menos que usted sea una de esas personas afortunadas que cuenta con suficiente dinero para pagar su casa en efectivo, su habilidad para comprar la casa de sus sueños depende de su habilidad para calificar para un préstamo considerable—una *hipoteca*.

Su Historial de Crédito

¿Cuándo comienza uno a hacerse calificable financieramente para una hipoteca?

Cuando sacó aquélla primera tarjeta de crédito, préstamo estudiantil, o firmó para que otra persona pudiera comprar. Cualquier cosa que se trate de préstamos, créditos, o ahorros es parte de su historial financiero. Su historial financiero es lo primero que utilizan los prestamistas para decidir si le darán una hipoteca.

Su historial de crédito se obtiene en su *informe de crédito.* Cada prestamista usa informes de crédito para calificar a una persona. Su informe de crédito mostrará todas las deudas (tarjetas de crédito, préstamos, hipotecas), *historial de pago* (incluyendo las ocasiones de pagos atrasados), cantidades que se le debe a cada acreedor actualmente, gravámenes de impuestos, bancarrotas, exclusiones o juicios hipotecarios, fallos en su contra y cualquier otro registro público que pueda tener impacto en el historial financiero de una persona.

Actualmente hay tres agencias privadas de crédito que mantienen informes de crédito electrónicamente:

EQUIFAX
Credit Information Services
P.O. Box 740256
Atlanta, GA 30374-0256
800-685-1111
www.equifax.com

EXPERIAN
National Consumer Assistance Center
P.O. Box 2104
Allen, TX 75013-2104
888-397-3742
www.experian.com

TRANS UNION
National Disclosure Center
P.O. Box 1000
Chester, PA 19022
800-888-4213
www.tuc.com

Cada una de estas agencias de crédito tiene un servicio que le proporciona a usted su informe de crédito, por un precio. Si en los últimos sesenta (60) días se le ha negado un seguro de trabajo, o crédito debido a que tiene un informe de crédito negativo, usted tiene derecho a recibir un informe de crédito *gratis* sólo por pedirlo.

Algunos expertos financieros sugieren que todos reciban anualmente una copia de su informe de crédito de cada una de estas agencias. Esto pondrá en alerta a la gente de cualquier uso fraudulento de su identidad o de errores en su informe de crédito.

Es muy importante que usted obtenga una copia de su propio informe de crédito y que lo revise para saber si hay errores mucho **antes** de solicitar una hipoteca. Si usted encuentra errores en su informe de crédito, debe contactarse con la agencia de crédito. Cada agencia de crédito tiene sus propios procedimientos para corregir errores, los cuales pueden tomar un tiempo considerable. Una vez que usted descubre un error en su informe de crédito en una de las agencias de crédito, es probable que este error también se refleje en las otras dos agencias.

Además de los errores, su informe de crédito puede mostrarle un historial de pagos atrasados y la cantidad de deudas pendientes que tiene actualmente. Mientras el historial de pagos atrasados no lo va a descalificar totalmente para conseguir una hipoteca, puede causar que el prestamista le cobre un interés más alto. Al revisar su informe de crédito mucho antes de estar listo para conseguir una hipoteca, usted se está dando tiempo de corregir detalles como el historial de pagos atrasados y de pagar las deudas pendientes.

Puntajes de Crédito

Un *puntaje de crédito* es el número computado por las agencias privadas de crédito para indicar la posibilidad de que una persona pague sus cuentas a tiempo. Cada agencia de crédito calcula su propia escala de puntajes para que usted pueda tener quizás tres puntajes diferentes. A este puntaje a veces se lo conoce como el *puntaje FICO*, porque lo diseñó (inventó) Fair Isaac & Compañía.

Los puntajes de *FICO* toman en consideración el historial de crédito de la persona. Para calcular este puntaje se utilizan ciertas cosas como pagos atrasados, la cantidad de crédito disponible, el monto de crédito que se usó, el tiempo que la persona tiene en su trabajo o viviendo en un lugar, si hubo bancarrota y otros asuntos financieros. Los puntajes *FICO* no deberían tomar en consideración la raza, religión, nacionalidad, sexo ni el estado civil de la persona.

Algunos prestamistas de hipotecas van a fundamentar su decisión casi totalmente en este número para darle un préstamo para una hipoteca a una persona. Sin embargo, *FICO* no es el único factor que utilizan la mayoría de los prestamistas. Como con otros factores en su informe de crédito, para mantener su puntaje de *FICO* en una escala aceptable, pague sus cuentas a tiempo, use crédito con moderación y reduzca los balances en sus tarjetas de crédito.

Errores de las Agencias de Crédito

¿Cuándo un error de un informe de crédito no es en realidad un error? La respuesta es cuando el asunto en el informe de crédito está allí porque hubo un malentendido.

Ejemplo: Suzie tuvo un accidente de automóvil. Destrozó totalmente su coche y el que chocó. En el lugar del accidente, a Suzie le dieron dos boletas por infracción y le dijeron que el accidente fue culpa suya. Suzie le entregó todo a su agencia de seguros y se olvidó del accidente.

El año pasado, Suzie se cambió el nombre y ahora se llama Susana Sunshine y se mudó a Hollywood para ser estrella. Después de algunos años, hizo una solicitud para una hipoteca y se la negaron porque había un juicio legal en su contra.

Ese juicio era del otro conductor que le hizo juicio a su agencia de seguros. Debido a que a Suzie no la podían localizar, no se pudo defender en corte y el juicio quedó registrado en su historial de crédito.

No todos los problemas financieros en el informe de crédito de una persona son debido a malentendidos. Algunos errores verdaderos incluyen una confusión con personas del mismo nombre, robo de identidad, cuentas por cosas que no se recibieron, acreedores que prometen reducir o cancelar una deuda pero no lo hacen, y errores de entrada en el sistema electrónico.

Cómo Arreglarse sus Informes de Crédito

Una vez que obtenga su informe de crédito, ¿qué pasa si hay errores? Comprenda que cada agencia de informe de crédito tiene sus propios procedimientos para corregir un error. Usted **debe** seguir sus instrucciones para corregir un error, sin importar cuán tontas puedan parecer esas instrucciones.

Consejo de Abogado

Hay dos cosas importantes que recordar cuando uno trata con una Agencia de Crédito:

1) SER CORTÉS

No importa cuán grande es el problema o cuánto le afecta la vida, mantenga su compostura. Las personas que están en la agencia de crédito también son empleados y probablemente no causaron el problema, pero su ayuda puede ser incalculable para corregirlo.

2) DOCUMENTE POR ESCRITO

Escriba con quién habló, la fecha, la hora y qué se decidió. Si está tratando de arreglar un problema, envíe una carta a esa persona que le recuerde qué se dijo, lo que se necesita hacer y cuándo se hizo la decisión.

En general, lo siguiente le ayudará a tratar el tema de los errores en su informe de crédito.

¿Cuál es el error? ¿Es éste un préstamo que usted firmó con otra persona? ¿Es una cuenta que se olvidó de pagar? ¿Es algo de lo cual usted nunca se enteró? Tiene que hacer un poco de trabajo de detective **antes** de corregir el error.

Si usted firmó con alguien para el préstamo de un vehículo, contacte a la persona para la cual firmó. Si el error es de una cosa que se compró en un negocio al que usted nunca fue, llame al negocio. Haga copias de los recibos de cosas que usted supuestamente compró. Si el error es de algo que usted devolvió o de una deuda que le dijeron que fue cancelada, encuentre la documentación de esa deuda.

Si tiene la suficiente suerte de tener prueba física de que la deuda se resolvió (un cheque cancelado u otro documento), informe a la agencia de crédito. Si le piden que envíe una copia del documento, incluya una carta diciendo de qué se trata la copia y cómo afecta su informe de crédito (aún cuando ya se lo haya mencionado a la agencia de crédito varias veces). Recuerde que lo que se dice con palabras generalmente no es suficiente para resolver un error de la agencia de crédito. Tiene que estar escrito y firmado.

Las leyes estatales y federales regulan los procedimientos y a las agencias de informes de crédito. La *Comisión Federal de Intercambio (FTC)* es la agencia gubernamental que inspecciona a las agencias de crédito.

Usted tiene el derecho de corregir los artículos que están en su informe de crédito. El sitio Web de la FTC proporciona la información que necesita para retirar información falsa de su archivo. Contáctese con la agencia de crédito para seguir los pasos necesarios. También puede colocar en su archivo una breve explicación acerca de la información negativa que allí se encuentra si la agencia investiga y se mantiene con la información negativa.

Si el error incluye un juicio en corte, es posible que necesite contratar un abogado para que averigüe y resuelva el problema.

Consejo de Abogado

Si usted determina que existe un error de informe en su informe de crédito, no pague a una agencia de crédito reparadora para corregirlo. Lo puede hacer gratis.

Capítulo 2

¿Cuánto se puede Proporcionar?

Cada prestamista tiene una fórmula para saber cuánto puede afrontar la persona para hacer los pagos de una hipoteca. Las fórmulas son buenas porque pueden dar un número definitivo. Sin embargo, la mayoría de las fórmulas no toman en consideración el modo de vida de una persona (o lo que es importante para esa persona), ni los futuros inconvenientes financieros, o lo que cada persona se sienta conforme de pagar para por su casa.

Proporción Total Deuda con Relación-a-Ingreso

Muchos prestamistas dependen del cálculo de la deuda total de la persona comparado con el ingreso mensual total que recibe. El ingreso es el *mensual bruto* o lo que se recibe mensualmente de cada fuente de ingreso antes de las deducciones que se hacen para impuestos y para programas de incentivos de ahorros para el empleado (401k). Esta cantidad se multiplica por una tasa. La tasa varía de prestamista a prestamista. El resultado es la cantidad aproximada que la persona puede pagar por un pago mensual de la hipoteca.

Actualmente, muchos prestamistas están usando una tasa de 0.36 a 0.41. (Ésta puede cambiar para cuando usted esté leyendo esta sección.)

Sin embargo, el cálculo real es relativamente simple.

Digamos que su ingreso total mensual es de $5,000 dólares.

El porcentaje del prestamista es de 0.36.

$5,000.00 x 0.36 = $1,800.00

Esto significa que los gastos mensuales como pagos de tarjetas de crédito, de préstamos de estudiante, la comida, teléfono, gas y luz, seguros, pensiones de divorcio, manutención de niños, y la hipoteca no puede exceder de $1,800 por mes.

Si la misma persona está tratando de obtener un préstamo que aplique la tasa de 0,41, el cálculo sería:

$5,000.00 x 0.41 = $2,050.00

Proporción por Vivienda con Relación Deuda-a-Ingreso

Otro cálculo que utilizan algunos prestamistas para determinar cuánto puede afrontar una persona es lo que comúnmente sabemos aún para alquilar—lo que se paga por vivienda debe ser más de un cuarto de su ingreso mensual bruto. Actualmente, los prestamistas fluctúan en usar tasas de 0.25 a 0.28. La cantidad de ingreso en dólares todavía es una cantidad bruta (es decir, antes de las deducciones de impuestos y del empleador).

Usando el ejemplo anterior, podemos calcular cuánto puede pagar esta persona sólo por el pago mensual de la hipoteca utilizando la *proporción de deuda-a-ingreso* por vivienda, el cálculo es:

$$\$5,000.00 \times 0.25 = \$1,250.00$$

-o-

$$\$5,000.00 \times 0.28 = \$1,400.00$$

Usando esta fórmula, nuestro futuro dueño de casa puede pagar entre una escala de $1250 a $1400 dólares por una hipoteca mensual *o* un total de gastos entre $1,800 a $2,050 dólares.

De Pago Mensual a Hipoteca Total

Las casas no se venden por cuotas de pagos mensuales. Tienen precios totales. Aunque es importante saber lo que su prestamista espera que sea su tasa, en realidad es cómo computa en pagos mensuales el *precio total* de la casa lo que tiene mayor importancia cuando se está buscando una casa.

Por ejemplo, si ocurre que el porcentaje que usted puede afrontar para el pago mensual de la hipoteca es de $1,000 dólares, eso significa en realidad que con una hipoteca con un interés del 6%, el precio de compra total de la casa que usted puede comprar es de alrededor de $165,000 dólares. Si la hipoteca está a un interés del 7%, el precio de compra total de la casa baja hasta alrededor de $150,000 dólares.

Este precio de compra total es después de deducir el pago inicial. Si puede poner $10,000 dólares como pago inicial para una casa, debería estar buscando casa cuyo precio esté entre los $160,000 dólares y los $175,000 dólares y no pase de ahí.

Cargos Adicionales Incluidos en el Pago de la Hipoteca

A pesar de que con los porcentajes se puede calcular en blanco y negro lo que una persona puede afrontar en el pago mensual de una hipoteca, este cálculo es para pagos que sólo se hacen para la cantidad *principal* y el *interés*. Los pagos de las hipotecas siempre incluyen otras cantidades, las cuales pueden aumentar considerablemente el monto total de los pagos en dólares. Aparte de pagar el interés y el principal en un préstamo, el pago mensual de la hipoteca incluye *impuestos a la propiedad* o de bienes raíces, seguro para dueños de casa, y/o *seguro de hipoteca*.

Además de recibir un préstamo por la cantidad más baja y de hacer un pago inicial lo más alto posible, el nuevo dueño de casa debe preocuparse de los impuestos en el barrio y del costo del seguro.

Capítulo 3
Opciones de la Casa

Antes de comenzar la búsqueda de su casa, debe decidir qué *quisiera* tener y qué es lo que en realidad *necesita*. Ésta es una decisión seria que toma en consideración aquéllas cosas absolutamente necesarias más la realidad de tener que pagar por su casa.

Consejo de Abogado

La mejor manera de aprender acerca de bienes raíces en general y en una zona en particular es leer la sección de bienes raíces en su periódico local cada vez que esté disponible. Así se familiarizará con los términos comunes de bienes raíces y aprenderá los precios y los tipos de casas que están disponibles en su zona.

El Edificio Mismo

Para poder saber lo que significan estos términos en su zona, lea los avisos de bienes raíces con fotografías. Revise las revistas clásicas como House que muestren casas interesantes.

Quizás también quiera empezar un archivo con artículos y fotos de casas o ideas decorativas que le interesen. Revise este archivo y agréguele ideas frecuentemente. Manténgalo al día y empezará a ver cuáles son los diseños de casas que más le gustan.

Aparte del diseño, también le debe importar lo que está afuera en la estructura. Si la casa es de ladrillos, es sólida, pero puede costarle caro agregar una habitación. Puede que tenga corrientes de aire y que no tenga insolación adecuada. Si la casa está cubierta con estuco, la terminación debe durarle un largo tiempo, pero cuando necesite repararse, le puede ser difícil encontrar el estuco que le combine. Si la casa está hecha en tablas de forro de aluminio y vinilo, casi no necesita mantenimiento, pero no podrá cambiar el color. Si agrega un cuarto a la casa, puede que no pueda encontrar las tablas que le hagan juego. Si la casa es de tablas de madera, puede cambiar el color, pero dependiendo de cómo está pintada la madera, es posible que tenga que pintar o retocar la casa anualmente.

Hay opciones nuevas para el exterior de una casa que salen todos los años. Asegúrese de conocer las opciones positivas y negativas para cualquier cobertura exterior que pudiera haber en la casa que usted está considerando comprar.

Características

La *fisonomía* o la *disposición interior* y las comodidades de una casa son las cosas que usualmente le importan a una persona. ¿Sueña usted con una escalera en espiral por la que sus hijos puedan bajar en la mañana de Navidad? ¿Sueña con un baño privado en la habitación principal para relajarse después de un día difícil? ¿Necesita una cocina accesible para discapacitados o una casa con rampas para ese propósito? ¿Cuánto terreno o propiedad quiere?

Usted necesita decidir lo que quiere en una casa, cuán importante es cada característica para usted y qué es absolutamente necesario. Éste es el momento de ser realista. Si siempre quiso una piscina interior pero apenas puede pagar más de dos cuartos, deje ese sueño para una futura casa. No hay nada que prevenga que una persona compre una casa con más características en el futuro, a medida que aumenta el ingreso familiar.

Para ayudarlo con esta decisión, he agregado la *Hoja de Trabajo 2* en la página 113 para que ponga las características que son una prioridad para usted y cuáles puede dejar para después. Haga muchas copias de esta hoja. A medida que pasa el tiempo y empieza a buscar casas que están a la venta, irá cambiando de idea, seguido. Si está planeando comprar una casa con otra persona, hágale llenar una de estas formas para que puedan comparar lo que ambos quieren en una casa. Un ejercicio interesante es guardar la lista final hasta que haya comprado su casa. Saque esa lista en unos años y vea si todavía se siente igual.

Elementos Indispensables

Los elementos indispensables son lo mismo que las características pero son las que absolutamente **debe** tener. Muchos elementos indispensables varían de zona en zona. Por ejemplo, en el Sur de California, una piscina completa construida en el terreno es una necesidad (en mi mente). En Chicago, ese tipo de piscina, excepto que tenga un edificio alrededor, causaría que la casa bajara de valor.

La mayoría de las áreas tienen sus propios elementos indispensables: aire acondicionado en Las Vegas, garajes con calefacción en Minesota, etc. Familiarícese con la zona para determinar los elementos indispensables en esa área. Si se muda de otro estado, busque en los avisos de bienes raíces para ver qué características se anuncian como partes de las casas que se venden. Lo que es un elemento indispensable en un estado, puede ser un gran problema en otro estado.

Como con cualquier cosa en su casa, usted debe decidir lo que es importante para usted y determinar si eso se podrá usar en la zona donde usted vive.

Personas Habilidosas que Reparan o Arreglan Cosas en la Casa

Si ha estado leyendo los avisos de bienes raíces, va ver estos dos términos. La industria de bienes raíces no tiene una definición para lo que constituye una persona que es *especialista en reparar* o *en arreglar cosas en la casa.* Depende mucho de la zona del país y de qué piensa el vendedor que se tiene que arreglar. En realidad estas construcciones fluctúan desde "lo que puede arreglar un amateur" hasta "debemos emplear contratista profesional."

El precio de una de estas casas puede ser mucho menor que las de la zona circundante. Si ha decidido que el barrio en el que usted quiere vivir está fuera de su alcance, ésta puede ser una manera en la que puede entrar a ese barrio; pero es importante que se dé cuenta de que este tipo de casa requiere mucho trabajo y, o lo tendrá que hacer usted o tendrá que pagar a alguien para que haga el trabajo. Lo importante es la calidad de la construcción de la casa. Si la construcción es pobre, las renovaciones van a ser más caras.

Capítulo 4

Agentes de Bienes Raíces y Corredores

Una vez que usted elija el vecindario y que esté realmente preparado para comprar una casa, probablemente escogerá al agente de bienes raíces. El mejor lugar para buscar su agente es en el vecindario en el que quiere comprar. Es casi seguro que la gente que donde los propietarios recurren para vender su propiedad es al agente de local. Los agentes locales también tienen la ventaja de tener mucho conocimiento sobre la comunidad.

Profesionales de Bienes Raíces

El término *profesional de bienes raíces* generalmente se refiere a los *agentes de bienes raíces* y a los *corredores de bienes raíces*. La función principal de los agentes y los corredores es ayudar a los compradores y a los vendedores con las transacciones legales de transferir propiedades de una persona a otra. Debido a que ésta es una función legal con grandes implicaciones para el público, los agentes y los corredores están licenciado(as) por el estado. Cada estado tiene sus propios requisitos para obtener esas licencias. La mayoría requiere tener estudio de bienes raíces, un período en el que trabaja en el campo de bienes raíces y continuar educándose en el mismo.

Los agentes de bienes raíces trabajan independientemente (a veces desde su casa). Empleados en una firma reconocida de bienes raíces, o aún para una gran corporación como especialistas en establecer al cliente en una nueva localidad o ciudad. No importa en qué tipo de oficina está el agente, lo que importa es la experiencia y el compromiso que tiene con su profesión.

Consejo de Abogado

Cuando se está escogiendo el agente de bienes raíces, busque uno que esté tan comprometido/a con su trabajo como usted los ha estado en encontrar una casa. Busque a alguien que se conocedor, que esté disponible y que sepa trabajar para lo que es importante para usted.

Problemas con Agentes de Bienes Raíces

Desdichadamente, hay agentes de bienes raíces que se conducen como madres suplentes con sus clientes. Están tan seguros de que saben exactamente lo que los clientes quieren ahora y para el futuro, que tienden a hacer oídos sordos a lo que los compradores potenciales les están diciendo en realidad.

Para vencer a este tipo de personas, tome control de la situación. Rehúse ver una casa que no cumpla con sus requisitos. Insista que las casas que el agente le muestre cumplan con ciertas normas. Va a tener que ser firme en esto. La mayoría de los agentes de bienes raíces no quieren hacer daño. Ellos(as) sinceramente creen que saben lo que es mejor para sus clientes, especialmente para los que están comprando por primera vez. Sin embargo, el agente no va a estar allí cuando usted tenga que pagar la cuenta de la hipoteca ni para darse cuenta que su nueva casa no es realmente lo que *usted* quería.

Yo me he dado cuenta que ayuda mucho el establecer desde el principio el tipo de relación que va haber entre el cliente y el agente. Dígale al agente lo que realmente le gusta y el precio que puede pagar dentro de sus posibilidades. Quizás hasta se lo puede poner por escrito. Dígale al(a) la agente que usted es una persona ocupada y que no puede perder su tiempo ni el de él(ella) mirando casas que no estén de acuerdo con su criterio personal. Finalmente, antes de ir a ver casas, revise los detalles de la casa. Los agentes de bienes raíces tienen acceso a la información detallada de cada propiedad.

Cambiando de Agentes

Cuando yo recién comencé a buscar casas, tenía mucho miedo de herir los sentimientos del agente de bienes raíces si dado el caso debía decirle que su trabajo no era satisfactorio y que necesitaba a otra persona. (Era algo así como deshacerse de un novio formal sin ninguna razón.)

Después de casi fallar varias veces en comprar la casa incorrecta, me di cuenta que los sentimientos del o de la agente no me concernían. Mi prioridad estaba conmigo y con mi familia. El comprar la casa equivocada puede causar un desastre financiero. Puede ocasionar una avalancha de problemas para una familia, especialmente si se extiende demasiado financieramente o compra una casa que necesita arreglos caros. Es responsabilidad suya insistir que el(la) agente de bienes raíces respete sus deseos, escuche sus necesidades y entienda sus limitaciones financieras.

Me he dado cuenta que un comentario honesto diciendo: "no creo que puedo trabajar con usted", es suficiente. En la mayoría de los casos, el(la) agente que yo había rechazado no me escuchaba cuando le decía lo que no podía pagar y seguía mostrándome casas que estaban fuera de mi alcance.

El único problema al cambiar agentes es que, en algunos estados, el(la) agente que le mostró primero la casa al comprador, recibe parte *o* toda la comisión. Eso depende de las regulaciones locales, de las leyes estatales y del contrato que firmaron el vendedor y el agente de bienes raíces.

¿Para Quién Trabaja el(la) Agente de Bienes Raíces?

La mayor mala interpretación de los agentes de bienes raíces es para quién trabajan en realidad. En algunos estados, el(la) agente de bienes raíces trabaja para el vendedor, no para el comprador. Nuevamente, depende de las regulaciones locales, las leyes estatales y el contrato que el vendedor y el agente hayan firmado. Eso es difícil de creer cuando *su* agente de bienes raíces es tan amable y se acomoda tanto a lo que usted necesita. El o ella le busca propiedades para mostrarle, lo llevan en coche a los lugares que usted elige y está listo(a) para ayudarle a escoger la casa y a conseguir la hipoteca. La Comisión de Bienes Raíces de su estado o tribunal de licencias requiere que los compradores sean tratados bien, pero en realidad la motivación está en cómo se le paga a el(la) agente de bienes raíces.

En algunos estados en los cuales el(la) agente de bienes raíces trabaja para el interés del vendedor, el comprador puede alquilar su propio(a) agente a menudo llamado *agente del comprador* para representarle en la compra de una propiedad y negociar la compra. Para conseguir este tipo de representación, el comprador debe pagar un porcentaje al intermediario, de la misma manera en que el vendedor contrata a un(a) agente por el porcentaje de una comisión específica.

Cómo se les Paga a los Agentes de Bienes Raíces

Cuando una persona quiere vender su casa, generalmente se contacta con un(a) agente local de bienes raíces. El(la) agente ve la propiedad, hace un estimado de lo que debería ser el precio de venta y le comunica al vendedor si debe hacer alguna otra cosa para que la propiedad sea más fácil de vender. Entonces el vendedor y el agente firman un contrato de que el(la) agente va a *enlistar* la propiedad y que va a recibir un porcentaje del precio de venta cuando la casa *cierre* (se venda). Generalmente, el contrato específica el tiempo que el(la) agente tiene para vender la casa, alguna restricción en cuanto a cómo se listó y cualquier otro punto relacionado con la situación en particular.

Cuando la propiedad se vende, el(la) agente del vendedor o el(la) agente que puso la casa en un listado y fue contratado(a) por el vendedor, recibe su porcentaje de comisión. Entonces, toma una parte de esa cantidad y se la entrega al agente del comprador. Este porcentaje de repartición se determina con anterioridad por un acuerdo.

Para la agencia de bienes raíces, es más ventajoso que uno de sus propios agentes de bienes raíces (que representa al comprador) venda la propiedad que fue listada por otro de sus agentes (que representa al vendedor). De esta manera, la agencia recibe todo el porcentaje del precio de venta como lo indica el contrato, en lugar de tener que dividirlo con un(a) agente que trabaja para otra agencia.

Servicios de Listados Múltiples (MLS)

Los *Servicios de Listados Múltiples* son estándar (normales) a través del país. Proporcionan información a todos los agentes de bienes raíces que son miembros de los MLS locales, sobre cualquier casa que otros agentes de MLS están vendiendo. Esto le da al comprador la oportunidad de ver más casas. Los agentes que son miembros de los MLS hacen un acuerdo para dividir un porcentaje de la comisión con los vendedores.

La mayoría de los agentes de bienes raíces en este país pertenecen a un grupo de listados múltiples, lo que les permite que cualquier propiedad que esté a la venta en cierta zona la pueda vender cualquier otro(a) agente licenciado(a). En el área de Chicago, esto produce una gran cantidad de listados del tamaño de la guía telefónica de casas que están en el mercado por precio y localidad.

En el lado opuesto de los MLS están los usualmente llamados *Listados Exclusivos*. En un listado exclusivo, un(a) agente de bienes raíces está vendiendo la propiedad.

Sólo a él o ella le está permitido mostrar la propiedad y la información no la proporciona ningún otro(a) agente. Con los listados exclusivos, el(la) agente recibe toda la comisión cuando se vende la casa.

Comparables

El *comparable* es un número de dólar que utilizan los agentes de bienes raíces para determinar lo que vale una casa en particular. Los banqueros y las compañías de seguros también miran este número. La cantidad comparable se obtiene mirando el precio de venta de casas parecidas (juzgando por los pies cuadrados, el número de recámaras, el tipo de construcción) en la misma zona, por un cierto período de tiempo. La zona puede ser unas cuantas cuadras dentro de una ciudad o las propiedades más cercanas en zonas rurales. Esto le da un valor promedio a ese tipo de casa en particular o indica aproximadamente lo que puede valer.

Cuando se juzgan los comparables, es importante utilizar el precio de venta. Si usted usa el precio que se pide, aquéllos vendedores que listan sus casas a un precio demasiado alto, van a tergiversar el resultado. Si usted lee los avisos de bienes raíces para una zona en particular por unos cuantos meses, va a tener una idea de cuáles son los precios de las casas. Algunos periódicos listan el precio de venta actual unos meses después que se ha completado la venta.

Mirando una Propiedad que está a la Venta

Conduciendo por una zona que usted quisiera vivir, ve una casa con un cartel que dice "a la venta." ¿Qué hace?

Escribe la dirección, el nombre y el número que tiene el cartel. Algunas veces hay una caja pegada al cartel con una hoja de información sobre la propiedad (si sólo está chequeando el vecindario, estas hojas también le pueden ser de utilidad). Si usted tiene un(a) agente, llámele y obtenga la información acerca del precio, etc. Es posible que su agente pueda arreglar una cita para que usted vea la casa.

Consejo de Abogado

Decida cuáles son las tres cosas que DEBE tener en una casa.

Cuando el(la) agente de bienes raíces le llame para ver una casa en particular, pregúntele si la casa cumple con esos tres requisitos. Por ejemplo:

1) ¿Cuál es el precio que se pide?

2) Número de cuartos

3) Número de baños

Si las respuestas no concuerdan con lo que usted quiere, diga "no gracias" y no vea esa casa.

Notas y Listas de Verificación

Su agente de bienes raíces tendrá una *hoja de información* sobre cada casa que planee mostrarle. Pídale su propia copia. Esta hoja debe tener el *precio que se pide*, el número y los tamaños de las recámaras, el tamaño del lote, información sobre el agua potable y las cloacas, sobre el sistema de calefacción y de enfriamiento, los impuestos pasados y otras cosas positivas acerca de la propiedad. Muchos de estos listados incluyen una foto de la propiedad. Muchas veces usted va a ver muchas casas cada vez que sale con su agente, así que esta hoja le servirá para comparar propiedades.

También debería llevar un cuaderno con sus notas sobre la propiedad. Esto es algo que puede escribir mientras está viendo la casa o apenas la ha visto. Tenga las notas de cosas que puedan ser problemas serios como que la cadena del inodoro no funciona, el agua del grifo no cierra completamente; uno de los cuartos es muy frío o muy caliente la caldera (calefacción) suena rara. Usted quizás quiera utilizar: *Hoja de Trabajo 2* en página 113, además de su propio cuaderno.

Consejo de Abogado

Insista que su agente de bienes raíces le dé una copia de la hoja de información de cada casa que usted ve. Esto le dará un récord de lo que ha visto y le recordará esa casa. Ésta es también una prueba para ver cuánto coopera su agente con sus necesidades.

Garantía de la Propiedad

En algunas zonas del país, la garantía en una casa que se vende, es algo que se espera. Es una herramienta de mercadeo que empuja al comprador titubeante a hacer una oferta. Sin embargo, el comprador no puede simplemente confiar en este papel como protección. Igual tiene que ver la casa, negociar para que le reparen los defectos y, sobre todo, que se le haga esa inspección tan importante.

Las garantías de las propiedades no cubren todo. Si el comprador compra una casa con un defecto, que fue mencionado por el vendedor, es más que seguro que la garantía de la casa no va a pagar para arreglar ese defecto. Las garantías, como los contratos, son únicos, y es imposible hacer generalizaciones sobre lo que cubren. Generalmente un vendedor paga la garantía, pero puede tratar de pasarle el costo al comprador como parte del trato.

Consejo de Abogado

Sea un consumidor preocupado y no dependa sólo en un pedazo de papel. Léalo. Haga preguntas. Después haga la inspección.

Capítulo 5

Fundament[o]
de las Hipot[ecas]

Este capítulo contiene información básica y términos usados en la industria de hipotecas. Se requiere hacer previas averiguación para encontrar la mejor hipoteca que convenga a su situación también.

Su agente de bienes raíces puede proporcionarle una lista de prestamistas en la zona que hagan préstamos de hipotecas o puede ser que usted ya tenga una relación de negocios con un banco, cooperativa de crédito o institución financiera. Asegúrese de obtener información sobre hipotecas de varios prestamistas para hacer la decisión correcta. La *Hoja de Trabajo 3* en página 115 indica los puntos comunes para comparar prestamistas. Haga fotocopias de esta hoja y comience a entrevistar prestamistas.

Precalificar

Muchos prestamistas de hipotecas le permiten a un posible prestatario que *precalifique* por una cantidad stimada de la hipoteca antes de escoger una casa. Hay varias ventajas al hacer esto.

Esto puede eliminar que la venta de la propiedad se detenga por problemas que se pueden originar al obtener una hipoteca, lo cual puede hacer que usted sea muy deseable desde el punto de vista del vendedor. En una zona donde se tramitan muchas hipotecas, sólo el volumen de estas transacciones puede detener los cierres de una casa por días y hasta por meses. El comprador que está precalificado ya ha eliminado algunas de las demoras potenciales, lo cual es un punto a favor del vendedor que necesita deshacerse de la casa para una fecha determinada. En la zona donde las casas se venden rápido, la precalificación puede ser lo que ponga su oferta antes que otras.

Recuerde que usted está precalificando para una cantidad estimada. Si ha tenido problemas financieros entre el momento en el que precalifica y la presente solicitud para la hipoteca, el prestamista puede bajar la cantidad que le quiera prestar.

Además, la hipoteca también está basada en la propiedad que usted quiere comprar. Si el prestamista cree que la propiedad no vale la cantidad de la hipoteca o si hay defectos serios en la casa o problemas serios en el vecindario, el prestamista puede no querer basar una hipoteca en esa compra. La cantidad de precalificación puede ser declarada como un valor parámetro. Recuerde, una precalificación *no* es una garantía o un compromiso de préstamo.

Aprobación Previa

La *aprobación previa* es un proceso más formal. El prestamista examina sus finanzas (o sea las finanzas del prestatario) detalladamente y acuerda legalmente prestarle cierta cantidad de dinero. No todos los prestamistas hacen aprobaciones previas formales porque cuando usted obtiene una hipoteca, el valor de la propiedad es un factor muy importante en la cantidad total del préstamo que usted puede obtener. En algunas zonas del país, las aprobaciones previas son totalmente inexistentes.

Las aprobaciones previas son más extensas y más detalladas que las precalificaciones. Se requiere más información del prestamista potencial. Toma más tiempo procesar una aprobación previa que procesar una precalificación. Sin embargo, los prestatarios con aprobaciones previas pueden acortar considerablemente el tiempo de espera para una hipoteca.

Tipos de Entidades Crediticias Hipotecarias

Para la mayoría de nosotros que queremos una hipoteca, el *tipo* o *clasificación* de prestamista (entidad crediticia)no nos interesa. Las tasas de interés más bajas y el aumento en la actividad de la hipoteca han hecho que los lineamientos entre las clasificaciones tradicionales sean menos definidas que antes. Sin embargo, quizás usted quiere considerar los tipos de prestamistas para ver cuál se ajusta a sus necesidades.

Entidades Crediticias
que Operan con Cartera de Valores

Generalmente son bancos e instituciones de ahorros y préstamos. El término *Cartera de Valores* se suscita porque los préstamos se hacen desde la propia cartera de bienes del prestamista (entidad crediticia) y usualmente no están a la venta en el mercado secundario. A lo mejor usted no sabe el tipo de prestamista de hipoteca con el que está tratando porque estas clasificaciones no están específicamente delineadas. Si su agente de bienes raíces recomienda un prestamista en particular, probablemente valdrá la pena usar ese prestamista. Muchos profesionales de bienes raíces han desarrollado relaciones con los prestamistas de hipotecas que ayudan a que sus clientes los aprueban con el menor requisito burocrático, en el menor tiempo posible.

Sin embargo, aún los verdaderos prestamistas que operan con cartera de valores pueden vender una hipoteca en el mercado secundario después de que sean efectuado un año o más de pagos de hipotecarios.

Los préstamos de cartera de bienes son típicamente más fáciles para calificar y por lo tanto, no siempre ofrecen esas tasas tan competitivas. Mientras muchos prestamistas de cartera de valores han empezado a envolverse en el tipo de hipotecas de banco, esas cosas que diferencian a este tipo de prestamista empezaron a desaparecer.

Banqueros Hipotecarios

Las grandes instituciones que trabajan con un gran volumen de hipotecas se llaman *banqueros hipotecarios*. Algunos banqueros hipotecarios pueden ofrecer programas para primeros compradores a través de los programas estatales y locales. Mientras estas grandes instituciones tienen mucho **poder** para trabajar con programas de FHA (Dirección General de la Vivienda) y VA (Administración de Veteranos), recuerden que usted está tratando con una empresa burocrática.

Entidades Crediticias Directas

Como los prestamistas con cartera de valores, *las entidades crediticias directas (prestamistas directos)* financian sus propios prestamos hipotecarios de sus propias carteras. Anteriormente los prestamistas directos siempre usaban su propio nombre en los documentos de préstamo. Ahora, aún el corredor de hipoteca más pequeño puede garantizar un préstamo en su propio nombre. Un prestamista directo puede ser desde uno de los más grandes prestamistas al más pequeño. Algunos prestamistas directos son en realidad banqueros hipotecarios.

Agentes Hipotecarios

Los funcionarios de préstamos que representan varias empresas y que ofrecen préstamos de hipotecas se llaman *agentes (corredores) hipotecarios*. El agente tiene la flexibilidad de reunir a un comprador con el prestamista adecuado. Si al comprador se le niega la hipoteca, el agente simplemente somete los documentos de préstamo a otro prestamista.

Tipos de Hipotecas

A continuación hay algunos de los tipos de hipotecas más comunes. Éstas no son los únicos tipos de hipotecas disponibles, puesto que muchas instituciones de préstamos crean sus propias hipotecas.

Tasa Hipotecaria Ajustable (ARM)

Una *Tasa Hipotecaria Ajustable (ARM)* tiene intereses variables dependiendo del *Índice* particular. El Índice es una medida de la economía que publican grupos financieros fehacientes. Los índices comunes son Bonos de la Tesorería Nacional de USA (U.S. Treasury Bills) y la Tasas de Contratos Hipotecarios de la Junta Financiera Federal de la Vivienda Federal (Housing Finance Board's Contract Morgage Rate). El índice no está bajo el control de la entidad crediticia (prestamista) sino que se moviliza por la economía en general.

Debido a que la tasa de interés de un *ARM (Tasa Hipotecaria Ajustable)* está conectada a un índice, la tasa de Interés, y por lo tanto, los pagos mensuales, son variables. Los *ARMs* generalmente tienen un límite (tope), es la tasa más alto a lo que puede llegar un interés. Sin embargo, algunos límites están equilibrados por la suma de lo que el interés va a incrementar anualmente. Esto significa que el límite (tope) es del 2% anual sin ninguna otra restricción. El interés puede subir hasta ese tope cada año. La mayoría de los *ARMs* se vuelven a calcular en una base anual o semestral después de los dos primeros años de pago.

El *ARM* generalmente comienza con una tasa de interés muy baja, lo cual lo hace ser más atractivo. Sin embargo, estas bajas tasas son sólo temporarias. Un prestatario que con un pequeño anticipo y que tenga algo menos que una reputación de crédito estelar quizás puede calificar para un *ARM* con más facilidad que para una hipoteca con tasa fija debido a los bajos pagos iniciales. Las tasas hipotecarias ajustables (*ARMs*) están basadas en la teoría de que el salario de todos va a ir incrementándose en los *en los próximos años*.

Hipotecas de Asunción de Deuda

Cuando las tasas de interés para las hipotecas suben, una hipoteca con una tasa de interés bajo se hace muy deseable. Una manera de recibir una hipoteca a esta baja tasa es el hacerse cargo de la hipoteca existente en una casa. Esto se llama *asumir la hipoteca* de otra persona.

Tradicionalmente, tanto los préstamos de la *Dirección Federal de Vivienda (FHA)* y de la *Administración de Veteranos/Militares (VA)* se pueden asumir. Otras entidades crediticias también pueden ofrecer préstamos de asunción de deuda. En años recientes, las tasas de interés de las hipotecas han continuado bajando. Si el país vuelve a pasar por otro período de inflación que cause que las tasas de interés suban, vamos a estar buscando hipotecas que permitan asunción de deuda con las tasas del año 2003.

Hipotecas Redondeadas

Las *hipotecas redondeadas* son como los *ARMs* porque al interés que se ofrecen puede ser bajo. Sin embargo, el préstamo sólo se financia por un corto período de tiempo; el más común es de siete años. Al fin de esos siete años, la entidad crediticia debe hacer un gran *pago redondeado (global)*. Debido a que esa suma global de **pago** es tan grande, la mayoría de los prestatarios se ven forzados a encontrar otra hipoteca.

Las hipotecas redondeadas se pueden escribir en varios términos, algunos de los cuales sólo benefician a los prestatarios. Antes de considerar este tipo de hipoteca, sepa cuáles son los términos y cómo afectará en sus pagos.

Hipotecas de Tazas de Interés Reducida

Algunas instituciones ofrecen un método para reducir la tasa de interés y los pagos mensuales de la hipoteca. Este tipo de hipoteca de **taza de interés reducida** puede requerir una suma de dinero por adelantado además de un depósito o un pago total al final de la hipoteca como en una hipoteca redondeada. Los cálculos difieren según el lugar. Este tipo de hipoteca no se usa generalmente cuando las tasas de intereses son bajas.

ARM Convertibles

Un *ARM Convertible* es una Tasa Hipotecaria Ajustable que se puede cambiar a una tasa fija Hipotecaria según cierto evento. Generalmente, la habilidad de convertir la hipoteca está unida a tasas de interés de hipoteca, a una cantidad del índice del gobierno o a un período de tiempo.

Hipotecas con Interés Diferido

Una *Hipoteca con Interés Diferido* permite que se hagan pagos al principio de la hipoteca para que vayan principalmente rebajando el capital. Esta es una variación de la hipoteca redondeada porque en algún momento la cantidad de interés diferido tendrá que ser pagada.

Tasa Hipotecaria Fija

Una *Tasa Hipotecaria Fija* es el tipo de hipoteca más popular. El interés se queda igual a través de todo el término de la hipoteca—generalmente quince o treinta años. Los pagos mensuales de la hipoteca son los mismos por el término de la hipoteca. La cantidad fija le permite al prestatario mantener su presupuesto con mayor facilidad y le protege contra la inflación.

Hipotecas a 15 Años vs. Hipotecas a 30 Años

Una hipoteca a 15 años tiene un costo más bajo en total debido a que la tasa de interés es más baja. El término (plazo) corto del préstamo significa que el dueño de la casa construirá una equidad (valor residual o interés financiero) en la casa más rápido y que la deuda será sólo de quince años. Desde el punto de vista negativo, una hipoteca a 15 años significa pagos mensuales más altos. Una tasa de interés más baja significa que una cantidad menor se puede deducir de sus impuestos a las rentas anualmente.

La hipoteca a 30 años tiene pagos mensuales más bajos. Es más fácil calificar para este tipo de hipoteca y le permite al dueño de casa hacer más deducciones de impuestos a través del periodo de duración de la hipoteca. Por supuesto, la gran diferencia es el largo período de tiempo que estará pagando la hipoteca. Debido a que este tipo de hipoteca tiene una tasa de interés más alta, el dueño de casa en realidad pagará más por la casa que si el comprador la hubiera comprado con una hipoteca a 15 años.

Hipoteca Cooperativa

Una *Hipoteca Cooperativa* es el resultado de un acuerdo entre el vendedor y el comprador. El comprador paga una cierta cantidad de pagos de hipoteca por el vendedor y además obtiene su propia hipoteca. A esto también se le puede llamar *financiamiento del vendedor*.

Los compradores que no califican para una hipoteca por el precio completo de venta de la propiedad se benefician de esto. El comprador paga la vieja hipoteca por el período de tiempo y después solicita su propia hipoteca por el precio de venta más bajo.

Si usted considera hacer este tipo de transacción, pida ayuda a un abogado de bienes raíces para que le haga un borrador del contrato entre usted y el vendedor.

Consejo de Abogado

Hay muchos problemas potenciales en una Hipoteca Cubierta. No trate de hacer arreglos para este tipo de hipoteca sin la ayuda de un abogado con experiencia.

Documentos Necesarios para Solicitar una Hipoteca

Una vez que usted decide quién será su entidad crediticia, se le pedirá que llene una solicitud de hipoteca y que provea información financiera al prestamista. La mayoría de las entidades crediticias piden ciertos antecedentes financieros cuando uno solicita una hipoteca. Estos expedientes se dividen en dos categorías: ingresos y gastos. A continuación hay una lista de lo que la mayoría de las entidades crediticias requieren; sin embargo, su prestamista propio puede pedirle más información.

Ingresos:

- copias de los recibos de sueldo;

- formas W-2 por los últimos dos años;

- devoluciones de los impuestos sobre ingresos;

- prueba de pensión para la esposa y manutención de hijos (decreto de divorcio);

- dividendos;

- inversiones;

- informes financieros del banco;

- valor estimado de sus otros bienes;

- ubicación de su cuenta corriente y de ahorro; y,

- copia del documento indicando cuánto dinero de fianza puso por adelantado.

Gastos:

Los prestamistas le van a requerir su propio informe de crédito, pero también pueden pedirle que ponga en una lista todas sus deudas a pagar.

Otras Cosas:

- la dirección de donde ha vivido durante los últimos dos años;

- su empleador y su salario durante los últimos cinco años;

- el número de personas que van a vivir en su casa; y,

- los nombres de los familiares más cercanos que no viven con usted.

Recuerde hablar con su entidad crediticia para ver exactamente qué papeleo se requiere. Aunque la lista mencionada arriba es larga, es posible que no cubra todas las situaciones.

Su Hipoteca no se Aprueba

¿Qué pasa si usted ha hecho todo el trabajo difícil de elegir una entidad financiera, ha pasado por la tortura de llenar la solicitud de la hipoteca, y no se la aprueban?

Consejo de Abogado

Le acaban de llamar de una entidad crediticia para decirle que no le fue aprobada su solicitud de hipoteca ¿Cómo responde?

Lo más importante:

Pregunte por qué se la rechazaron. Si la persona en el teléfono no le puede decir por qué, pida hablar con alguien que le pueda responder, aunque tenga que hablar con el presidente del banco.

Para poder determinar su próximo paso, necesita saber **por qué** razón se la rechazaron.

Primero, trate de averiguar por qué le fue denegada. ¿Es que la propiedad fue evaluada por menos de la cantidad que usted pidió en préstamo? En ese caso, quizás usted debería pensar nuevamente en su selección de una propiedad. Si usted todavía está interesado en esa propiedad, va a tener que aumentar su pago inicial para reducir la cantidad del préstamo.

Ésta es una recomendación seria. La entidad crediticia ha contratado a un profesional para evaluar la propiedad. Si ese profesional ve problemas con la casa, posiblemente esos problemas no han sido advertidos oportunamente. Tenga cuidado de seguir con ese tipo de compra. Asegúrese de saber por qué el tasador evaluó la propiedad de esa manera, por ejemplo, ¿quizás sea por la estructura o el vecindario?

Otras razones por las que a uno pueden rechazarle una hipoteca son:

- un informe insuficiente de crédito y/o

- un ingreso escaso para cubrir la cantidad de la deuda.

Una vez mas, trate de obtener tanta información como le sea posible de ese rechazo. Quizás hubo un error en el informe de crédito o se le olvidó incluir todo el ingreso que recibe. Si no hay errores obvios, quizás la institución de préstamos está viendo un problema en su capacidad para cumplir con ese nivel de pagos. Necesita volver a pensar en el precio de las casas que está buscando. Siempre puede recurrir a otro prestamista o aumentar el pago inicial para que el monto del préstamo sea más bajo.

Un *agente de hipotecas* le puede presentar muchas entidades crediticias apropiadas. El agente sabe qué entidades financieras aceptan a prestatarios "un poco dudosos". Si decide trabajar con un agente, escoja uno que tenga buena reputación. Pida referencias, y **no le pague** ningún honorario (al agente) para gestionar su solicitud de préstamo.

Algunas veces la institución de préstamos rechaza a alguien para una hipoteca debido a discriminación por tales cosas como raza, sexo, antecedentes étnicos, religión, etc. Si usted siente que pueda haber sido discriminado(a), puede recibir asistencia de su oficina local de HUD (*Departamento de Vivienda y Desarrollo Urbano de EE.UU.*).

Puntos

Al realizar trámites para obtener una hipoteca, usted va a escuchar los términos *puntos* o *puntos de descuento*. Éste es un término *curioso* para un concepto totalmente ilógico. El punto en una hipoteca es equivalente al 1% de la cantidad del préstamo. El prestatario usualmente paga esta cantidad cuando se hace cargo de la hipoteca. Por ejemplo, en una hipoteca para una casa de $100,000, cada punto costaría $1,000 dólares. Los puntos reducen la tasa de interés del préstamo en 0.125%.

Las entidades crediticias que otorgan hipotecas usan puntos como un tipo de descuento al comienzo y lo acoplan con la tasa de interés de la hipoteca. Usando nuestra casa de $100,000 dólares como ejemplo, el prestamista podría ofrecerle una hipoteca con una tasa del 8% sin puntos, o de 7.875% con un punto o de 7.75% con dos puntos. Los puntos pueden hacer que la tasa de la hipoteca aparezca baja, cuando en realidad la cantidad real que se le paga al prestamista es mayor porque hay que pagar un número alto de puntos.

Los puntos son, en general, un pago que se hace al principio cuando usted compra la casa. Esto es *además* de la cantidad de pago inicial y de otros costos de cierre. Sin embargo, debido a la demanda de los prestatarios, muchas entidades crediticias pueden permitirle al prestatario financiar todo o parte de la cantidad de puntos durante el término de la hipoteca.

¿Debería pagar puntos al comienzo o financiarlos? La respuesta es decisión del individuo. Pagar más al principio de la hipoteca bajaría los pagos mensuales. Sin embargo, pagar más en el momento de cierre de la operación deja al comprador con menos efectivo en circunstancias en que el costo de mudarse a una nueva casa puede ser apabullante.

Capítulo 6

El Mercado Hipotecario Secundario

HUD, FHA, Fannie Mae, Ginnie Mae y *Freddie Mac* son nombres muy discutidos por entidades crediticias y profesionales en bienes raíces porque todos saben lo que son. Todos tienen algo que ver con finanzas y el muy, muy lucrativo negocio de proporcionar hipotecas.

Departamento de Vivienda y Desarrollo Urbano (HUD)

El propósito principal del *Departamento de Vivienda y Desarrollo Urbano* (HUD) es proporcionar seguro de hipotecas a través de la *Administración Federal de Viviendas (FHA)* La FHA pagará la hipoteca si el prestatario no puede. HUD ofrece programas especiales de compra de casas para los cuales usted puede calificar. Muchos de ellos se ofrecen en conjunto con su gobierno local. Estos programas proveen alguna asistencia y consultoría financieras a aquellos que se encuentran en problemas porque tienen deudas.

HUD provee educación e información para todos los que quieren comprar una casa Es factible que el HUD podría pagar algunos de sus costos de cierre si compra una casa HUD.

Una casa HUD es un *juicio hipotecario* que se realiza a alguien que tiene una hipoteca HUD y no pudo continuar haciendo los pagos. Las casas fluctúan en precio, pero pueden no estar en buenas condiciones o se encuentran en barrios poco deseables. Las casas HUD se venden *como están,* lo que significa que la HUD no corrige los defectos aunque sean obvios. Es por eso que las casas HUD se venden por tan bajo precio. HUD no tiene que gastar dinero en arreglarlas.

Antes de que usted compre una propiedad HUD, asegúrese de que sepa lo que está haciendo, especialmente en cuanto a reparaciones. HUD tiene listas de estos juicios hipotecarios en sus oficinas, en su sitio Web y en los periódicos locales.

HUD también ayuda a aquellos que han sido discriminados para adquirir vivienda, cooperando para que se les haga justicia. Además, HUD ayuda a los indigentes y a las personas de bajos recursos proporcionándoles certificados para los que tienen bajos ingresos y apoyando a muchas organizaciones sin fines de lucro.

Consejo de Abogado

Si usted está considerando comprar una casa HUD, va a necesitar que un(a) agente de bienes raíces le procese una propuesta sobre la propiedad. También es posible que quiera contratar a un abogado que se especialice en este tipo de transacción.

Administración Federal de Vivienda (FHA)

La Administración Federal de Vivienda (FHA) es, en realidad una agencia del HUD. La FHA asegura préstamos hipotecarios del HUD. Si usted solicita una hipoteca que está asegurada por la FHA, se llama préstamo de FHA. Se requerirá que tanto a la propiedad como usted califiquen para ello.

Los préstamos de FHA permiten un pequeño pago inicial y vienen en una variedad de tipos de préstamos desde la tasa fija estándar hasta aquella con tasas de interés que varía dependiendo del índice financiero. Además de los pagos iniciales bajos, un préstamo FHA pone límites en los honorarios y costos de cierre—los cuales son todos beneficios para el que compra su casa por primera vez.

Ginnie Mae

La *Asociación de Hipoteca Nacional del Gobierno* o *Ginnie Mae* es una corporación del gobierno bajo HUD. Su propósito es proveer asistencia a compradores de casas de bajos y moderados ingresos. Así como Fannie Mae, Ginnie Mae puede generar ganancias invirtiendo en el mercado hipotecario secundario. La diferencia es que Gene Mae sólo trata con garantías respaldadas por el gobierno. Esta organización también provee dinero para casas de bajo costo y para desarrollo comunitario.

Fannie Mae

La *Asociación Federal de Hipotecas Nacionales (FNMA)* o *Fannie Mae* es la fuente más grande de fondos para hipotecas para propiedades. Recibe sus ganancias de inversiones del mercado hipotecario secundario. También es líder en proporcionar fondos para viviendas que se puedan costear e inversiones de desarrollo urbano, especialmente en áreas desventajosas económicamente.

Freddie Mac

La *Corporación Federal de Prestamos Hipotecarios para Vivienda (FNMA)* o *Freddie Mac* es la corporación creada por el congreso, que está en el negocio de comprar y vender hipotecas. Esto, finalmente, pone más fondos para hipotecas en el mercado. Como sus hermanas, Fannie Mae y Ginnie Mae, Freddie Mac proporciona dinero para hipotecas en zonas con desventajas económicas y ha sido exitosa en bajar las tasas de interés.

Mercado Hipotecario Secundario

Si usted se pregunta cómo estas empresas pueden afrontar permanecer en el comercio, es porque tienen inversiones en el *mercado hipotecario secundario*. Para explicar esto de la mejor manera, piense en el contrato hipotecario que firma un prestatario con la entidad financiera. Este contrato dice que el prestatario pagará la cantidad que pidió prestada más un porcentaje de interés. Si el prestatario no pagara el préstamo, entonces la entidad crediticia (prestamista) toma poder de la casa.

Generalmente, el préstamo no es todo el valor del mercado de la casa. También, los valores de bienes raíces se incrementan con el tiempo. Por lo tanto, si el prestamista tiene que tomar nuevamente la casa (juicio hipotecario), puede volver a venderla por la cantidad que se debe del préstamo, más la ganancia.

Además, las dos partes más importantes de una hipoteca—la suma del *capital* y el *interés*—se pagan en cantidades *desproporcionadas*. Al principio, el pago de la hipoteca es casi todo interés con una pequeña cantidad que va hacia el capital (suma adeudada). A medida que pasa el tiempo, la cantidad de dinero que va en contra del capital incrementa, ya que la cantidad que va en contra del interés disminuye. La mayoría de la ganancia del de la entidad crediticia (prestamista) sale del interés. En la forma en que están estructurados los pagos, el prestamista recibe su ganancia primero, para que en caso de un juicio hipotecario, el prestamista ya haya recibido una buena porción de la ganancia esperada.

Para el prestatario, el que se venda su hipoteca generalmente sólo significa que envía sus pagos a una dirección diferente. Por supuesto, cada entidad financiera proporciona diferentes servicios. Uno puede proveer sobres y cupones para cada pago; otro puede enviar una cuenta mensual. Si el prestatario sabe que su hipoteca se ha vendido, es su responsabilidad enterarse qué requiere la nueva entidad financiera.

Capítulo 7

Fuentes Adicionales de Dinero

Es un hecho que cuanto más alto sea el pago inicial que usted haga, los pagos mensuales de la hipoteca serán más bajos. Puesto que el pago de una hipoteca no es solamente la cantidad que se devuelve por el préstamo, (sino también incluye el seguro de la casa y los impuestos, los cuales aumentan al pasar los años), cuanto menos tenga que pagar para el préstamo, mucho mejor. Además de los fondos para pagos iniciales, usted puede recibir ayuda con préstamos de bajo interés o fondos comunitarios.

Amigos y Familiares

Una manera de obtener dinero para aumentar el pago inicial es de familiares. Sus padres quizás quieran darle un regalo valioso o hasta un préstamo. Junto con los padres, quizás un familiar quiera prestarle algo de dinero, especialmente si usted firma una *pagaré* que promete devolvérselo con interés.

Muchas parejas jóvenes que se están por casar hacen un arreglo con sus padres para renunciar a la fiesta de casamiento cara, para usar en su lugar esa cantidad para el pago inicial de una casa. Yo he estado en casamientos donde la novia y el novio piden efectivo para una casa en lugar de regalos; o los recién casados ponen el dinero que hubieran gastado innecesariamente en una luna de miel para el pago inicial.

Ejemplo: Ginny y Leo querían una casa durante el primer año de casados. Ginny había ahorrado suficiente dinero para un vestido de casamiento de diseñador muy caro y sus padres le ofrecieron pagarle la recepción. Los padres de Leo tenían muy poco dinero extra, pero ofrecieron pagar la luna de miel. Ginny y Leo decidieron que preferían una casa más que la recepción de un gran casamiento. Fueron y hablaron con sus familiares y les pidieron ayuda.

Toda la familia ofreció contribuir para darle a la joven pareja una recepción de un casamiento a la antigua. El tío Bob donó la sala de casamiento en la sala de banquetes Moose. Las tías Deedee, Edith y Marian hicieron la comida. El tío George tenía un amigo que donó la torta y el tío Marty llevó cajas de cerveza y vino.

Ginny usó el vestido de casamiento de su abuela. Pasaron la luna de miel en el chalet de Sam, el primo de Leo. Al incluir a la familia entera, Ginny y Leo pudieron ahorrar suficiente dinero para un buen pago inicial para la casa de sus sueños.

Ahorros para la Jubilación

Si su empleador tiene un programa de retiro 401k, un incentivo de acciones, o un plan de ahorros, usted puede usar parte de ese dinero para el pago inicial (de una casa). Sin embargo, tenga cuidado con los impuestos. Antes de hacer planes para cobrar estos ahorros de su retiro, familiarícese con los impuestos y las penalidades por las que será responsable. Aparte de la posibilidad de pagar una penalidad considerable o cuenta de impuesto, su empleador también puede tener restricciones en referencia a cuánto puede reducir este fondo y cuándo lo puede hacer. Puede convertirse en un préstamo que le deduzcan de su cheque de pago.

Un consejo acerca de cobrar sus fondos para el retiro. Un buen pago inicial (considerable) para una casa es definitivamente la mejor opción, pero si significa que no tiene ahorros para su retiro y nada más que la casa a qué recurrir, asegúrese que sepa todas las consecuencias. Los fondos de su retiro son un gran recurso para grandes emergencias, muertes, enfermedades graves, y para cuando usted ya no quiera o no pueda trabajar. Ponga esto en la balanza antes de deshacerse de todo el fondo de su retiro.

Muchos jubilados se ven forzados a vender sus amadas casas porque los pagos del seguro social no cubren los gastos normales más los incrementos en los impuestos a la propiedad. Guarde algunos ahorros para la época de su vejez.

Algunas empresas proporcionan cooperativas de crédito a sus empleados. Una cooperativa de crédito puede manejar su hipoteca o darle a usted un préstamo a bajo interés para su pago inicial.

Asistencia del Gobierno Local

Algunos estados, condados, y ciudades ofrecen asistencia financiera para compradores de casas bajo circunstancias especiales. Generalmente este dinero es específicamente para aquellas zonas donde las estructuras de los edificios están desgastadas y la ciudad quiere reconstruir el barrio. Éstas son típicamente las casas que han sido mal cuidadas y abandonadas. Los préstamos a bajo costo se ofrecen si el comprador se compromete a rehabilitar el edificio y después usarlo como residencia principal. Junto con el dinero de la ciudad para restablecimiento, los edificios que tienen cierto significado (usualmente histórico) o que están en una zona histórica pueden calificar para asistencia de los grupos de preservación.

El Estado de Illinois, a través del Tesorero del Estado de Illinois, tiene un programa estatal llamado "Nuestra Propia Casa", el cual proporciona ayuda a las personas que compran casa por primera vez. Estos compradores deben cumplir ciertos requisitos para calificar para este programa, pero aquéllos que califican van a recibir ayuda financiera del estado. Esta ayuda no es en dinero, sino en que el estado apoya al comprador que no califica para hipotecas regulares. Aún si usted no vive en Illinois, el sitio de Internet **www.ourownhome.net** contiene *Calculadores de Hipotecas, Glosario de Hipotecas*, y una lista de *Centros de Consejería para el Consumidor*.

California asiste a los compradores de casas en ciertas comunidades con varios incentivos financieros. Los compradores empleados tales como los maestros están entre los que son elegibles. Por ejemplo, los maestros pueden ser elegibles para recibir un 50% de descuento en casas calificadas por un pago inicial de $100 dólares.

El gobierno federal también tiene programas de asistencia. Por ejemplo, el *Departamento de Vivienda y Desarrollo Urbano* (HUD) tiene un programa llamado *Construyendo en la Comunidad* que puede proveer ayuda con el pago inicial. Las autoridades de vivienda de su estado pueden también tener programas que ofrezcan asistencia.

Nuevamente, el Internet es su mejor fuente de información en cuanto a programas federales o nacionales. Su estado puede tener departamentos para autoridades de vivienda o beneficios para residentes que lo puedan asistir en encontrar programas del gobierno.

Las oficinas del gobierno local deberían tener información sobre los programas que hayan en su estado. Los profesionales de bienes raíces pueden ayudarle con esto dentro de la zona que prestan servicios.

Un Pago Inicial de Cero

Sí, leyó bien. No poner ningún pago inicial en una hipoteca del 100%. Hay algunos prestamistas que están ofreciendo financiar 100% del costo de una casa. Como con cualquier oferta demasiado-buena-para-ser-verdad, hay algunas restricciones.

Primero, tanto el comprador y la propiedad necesitan calificar. Para el comprador, esto puede significar un informe de crédito totalmente perfecto y un muy buen trabajo y seguro. La propiedad debe ser evaluada adecuadamente por una cantidad que sea mayor que el precio de venta. (Esto ocurre frecuentemente, especialmente en una zona donde los precios de las casas muestran aumentos estables.)

Segundo, el comprador, requerirá comprar el *Seguro de Hipotecas Privado* o *PMI*. Note que muchos prestamistas requieren comprar el PMI para cualquiera que pone un pago inicial de menos del 20%. El PMI cobra una cantidad adicional por mes para asegurarse de que la hipoteca se pague.

Ejemplo: En este momento, en el área de Chicago, el pago mensual del Seguro de Hipotecas Privado en una casa que se vende por $100,000 dólares es de aproximadamente $65 dólares por mes con un mínimo de un pago inicial del 5%. La misma casa cuesta alrededor de $88 dólares por mes con un pago inicial de cero en la hipoteca.

Los préstamos con pago inicial de cero están disponibles en zonas donde el precio de las casas está aumentando. Los expertos predicen que este tipo de financiamiento creativo continuará expandiéndose mientras los valores de las casas continúen siendo más altos que los valores de las hipotecas.

Hipotecas a Bajo Interés

Otra manera de tratar esto es obtener una hipoteca que requiera menos de pago inicial. Los *préstamos FHA* y *VA* requieren un pago inicial más bajo que las *hipotecas convencionales*. También hay algunas empresas de seguros privadas que le pueden permitir financiar su pago inicial. Los(las) agentes de bienes raíces y los(las) corredores puedan decirle si esto está disponible donde usted vive.

Alquilar con Opción a Compra

Una forma en que un primer comprador puede subir su pago inicial es involucrarse en un contrato de *alquilar con opción a vender*. Este tipo de arreglo puede no existir donde usted vive. Usted puede decidir buscar la ayuda de un(a) agente de bienes raíces para encontrar este tipo de situación.

En el *alquilar con opción a vender,* un porcentaje de su renta mensual se considera parte del pago inicial para comprar la casa. El contrato de renta dura por un período de tiempo y, al final de ese plazo, el arrendatario *(inquilino)* decide si quiere comprar. Si la decisión es de no comprar, no se le devuelve el porcentaje de renta.

Capítulo 8

El Aspecto Legal de Bienes Raíces

Las transacciones de bienes raíces se están volviendo más y más complejas. Muchos condados y ciudades de algunos estados están *decretando* leyes que afectan lo que se requiere para vender la propiedad y cuánto va a costar. Además de la complejidad de las leyes, las formas requeridas sólo para hacer la oferta y las que se usan para solicitar una hipoteca se han vuelto tan detalladas que tomaría horas sólo para leer cada palabra.

Este capítulo también provee una reseña sobre las formas más comunes de obtener el título. Cada estado ha decretado leyes que rigen cómo se mantiene el título. Los abogados de bienes raíces están familiarizados con los requisitos de las leyes tanto estatales como locales y pueden aconsejarle.

¿Necesito un Abogado?

Antes de firmar una oferta para una casa, quizás quiera revisarla para asegurarse que sus intereses están protegidos. Si no tiene un abogado antes de firmar la oferta, puede pedir que se escriba una cláusula en el contrato de oferta que le permita que un abogado revise el documento y cancele el contrato si hay algo perjudicial para sus intereses. Algunas zonas del país tienen un período legal en el que se le permite que un abogado lo revise. Ese período es, usualmente, unos pocos días.

Si usted ha conseguido un abogado al comienzo de la búsqueda de una casa, él o ella pueden negociar el contrato para la venta, revisar los documentos, y quizás retener la cantidad de la plica (mediante sobre lacrado o cuenta bancaria especial).

Si consigue un abogado después de que el contrato de oferta ha sito aceptado por el vendedor, el abogado puede revisar los documentos del préstamo, hacer una investigación del titulo en el registro de la propiedad, solicitar inspeccionar, obtener averiguaciones sobre la propiedad, informarle cuánto dinero debe llevar al cierre, revisar todos los documentos y asistirle en el cierre para que firme los documentos apropiados.

Muchos abogados se especializan en cierres de bienes raíces. La mayoría de los agentes de bienes raíces tiene una lista de referencias o puede obtener una de su asociación de abogados en su zona.

Investigación en el Registro de la Propiedad y Averiguaciones

Dependiendo de la parte del país, su abogado puede ser el que ordena una investigación en el *registro de la propiedad y hace averiguaciones sobre la misma.* Una investigación del registro provee información acerca de los dueños anteriores de esta propiedad y los posibles gravámenes que tuviera en su contra. De este modo se puede establecer si el presente dueño realmente tiene el derecho legal de vender la propiedad. Asimismo, determina si hay deudas pendientes que deban liquidarse antes de que la propiedad se pueda vender.

Los gravámenes sobre la propiedad pueden ocurrir porque un dueño no pagó los impuestos atrasados, cargos de contrato o de remodelación u otras deudas donde las cortes permiten colocar un gravamen. Antes de que usted pueda comprar la propiedad, la persona que causó este gravamen debe liquidar la deuda. A las casas que tienen este tipo de problema se les dice que tienen *gravamen sobre el título,* lo cual significa que el título no está libre ni limpio.

Para este tipo de problema, se ha creado una industria llamada *póliza de seguro de título.* La póliza de seguro sobre del título protege al comprador y a la entidad crediticia (prestamista) contra las pérdidas resultantes de los reclamos de otros contra su casa. La compañía de pólizas seguros sobre títulos hace una investigación para determinar si el título está libre y limpio, y después garantiza el resultado. La mayoría de los prestamistas requieren la póliza de seguros sobre el título.

En muchas zonas, unos días antes del cierre, la compañía de pólizas de seguros de títulos emite un compromiso para asegurar o un documento (abono) inicial que resume cualquier defecto que haya en el título y cualquier excepción de la cobertura (*extensión de póliza*) de la garantía del título. Este documento va a la entidad crediticia (prestamista) y a su abogado. Si los defectos son considerables o son contrarios a lo que había en la oferta del contrato, éste es el punto para resolver los problemas. Si usted tiene un abogado, él(ella) puede revisar el documento y actuar en concordancia.

En algunos estados los abogados ofrecen la póliza de seguros sobre el título a través de la *compañía de seguros de títulos* como parte de su servicio al comprador de la casa. El abogado es, entonces, quien trata con el representante del seguro de título, asiste en limpiar el titulo y provee una opinión general acerca del título.

Otro documento que la mayoría de los prestamistas y las compañías de seguros de títulos insisten en tener es una *agrimensura*. Esto marca los límites a la propiedad, las construcciones que tenga, y cualquier usurpación del territorio. Pedir esta topografía (agrimensura) es otro servicio que la mayoría de los abogados de bienes raíces ofrecen a los compradores.

Cómo Poseer el Título

Un abogado puede aconsejarle cómo puede poseer el título de su casa.

Posesión Mancomunada

La mayoría de las parejas usan posesión mancomunada o *tenencia conjunta*. La tenencia conjunta significa que el sobreviviente de los dos arrendatarios son dueños de la propiedad sin tener que hacer un testamento. Uno de los dueños mancomunados puede vender su mitad sin permiso del otro, dependiendo de las leyes estatales.

Posesión Mancomunada entre Esposos (únicamente)

Otra forma de tenencia conjunta es *tenencia íntegramente*, la cual es reconocida en algunos estados y es estrictamente reservada para esposo y esposa (cónyuges). Aparte de los beneficios de una tenencia conjunta, la posesión mancomunada previene que un cónyuge venda su mitad sin el conocimiento del otro. También ofrece alguna protección de los deudores de uno de los cónyuges.

Posesión o Tenencia en Común

La otra forma de mantener el titulo es la *tenencia en común*. Ésta se usa mayormente cuando las partes no poseen partes iguales en la propiedad. En la mayoría de los estados, esta forma de sostener un *título* se usa para propiedades comerciales o de alquiler. Establece una división compleja de la posesión y de los derechos de alquiler.

Capítulo 9
La Oferta

Luego de una completa investigación acerca de su vecindario y una comparación entre las entidades crediticias hipotecarias, finalmente usted encontrará la casa de sus sueños. Es lo que usted desea o lo que usted puede acceder a tener, el vecindario es perfecto, y las escuelas son maravillosas. ¿Cuál es el próximo paso?

El Contrato

El próximo paso en el proceso de comprar una propiedad es hacer, efectivamente, una oferta sobre la casa. Una oferta es presentarse legalmente ante los vendedores con un contrato de compra y esperar que ellos lo acepten. Como es un contrato de bienes raíces, la oferta se hace por escrito. Los(las) agentes inmobiliarios y corredores tienen formas estándares de sus condados que utilizan para comunicar la oferta.

Los compradores completan esas formas con la suma ofrecida, el tipo de hipoteca (convencional, VA, FHA) el día estimado del cierre de operación y *las cláusulas*.

Las cláusulas en un contrato indican que si pasa un determinado evento, usted no está legalmente obligado a comprar la propiedad.

Otra parte del contrato detalla qué otras cosas, además de la casa y la propiedad, se incluyen en el trato. Muchas veces la cubierta de las ventanas y las cosas permanentemente fijas a la estructura o la propiedad están incluidas en la casa. Sin embargo, cada casa es diferente y las leyes en su estado pueden permitir una interpretación muy liberal de lo que se considera permanentemente apuntalado. Si usted se entera que algo se vende con la casa, tal como tratamientos en las ventanas, artículos domésticos, tinglados u otras cosas similares, asegúrese de que esas cosas estén enumeradas en su contrato de oferta. Eliminará así la confusión por ambas partes.

Consejo de Abogado

Algunas de las contingencias mas comunes son:

- si el comprador no puede obtener financiamiento, el vendedor puede cancelar la venta;

- si el vendedor no provee el titulo de propiedad, el comprador puede cancelar la venta; y,

- si el inspector encuentra daños ocasionados por insectos, el comprador puede cancelar la venta.

Una vez que haya firmado el contrato, puede acordar a proceder con el acuerdo, a menos que surja una de las contingencias.

¿Qué es un Contrato de Bienes Raíces?

Cada estado y muchos condados tienen su propia versión de lo que es un *contrato residencial estándar de venta*. Pueden ser muchos párrafos o algo similar a una forma en donde cada línea está numerada. Puede tener acuerdos adicionales que se llaman *anexos*, los cuales son requisitos de la ley local.

Dado que las leyes en la venta de bienes raíces difieren de estado en estado, es muy difícil generalizar qué tipo de contrato usted verá. Cualquier tipo de documento que se use, será largo, tendrá muchas frases legales, y será agobiante, especialmente para aquél que compra por primera vez. Incluirá el nombre del comprador y el vendedor y sus respectivos domicilios, la fecha del contrato, la dirección de la casa que está a la venta, una sección que incluye la parte financiera, una sección acerca de las inspecciones, una sección que incluye todo lo que se vende en la casa y las cláusulas de venta. El contrato contiene espacios para las firmas del comprador, el vendedor y el agente inmobiliario.

Ya que éste es un documento legal, usted quizás desee contratar a un abogado que le represente antes de firmar. Una alternativa podría ser que pida que el contrato no sea efectivo hasta que el abogado lo revise. Normalmente, se le permite que el abogado lea un contrato de bienes raíces en un corto periodo de tiempo. La mayoría de los estados le ofrecen dos o tres días.

Negociación

La mayoría de las veces el comprador no deseará pagar el precio completo como lo solicita el vendedor. Puede que usted piense que la casa está sobre evaluada para la ubicación, que haya algunos problemas con la propiedad o simplemente usted desea una gran rebaja. No importa cuál sea la razón, muchos de los compradores ofrecerán menos del precio completo requerido. *La negociación* es el proceso de encontrar ese número mágico en el preciso momento en que ambos, el comprador y el vendedor, sienten que están haciendo un trato conveniente.

Consejo de Abogado

Cuando usted comienza a buscar una casa, pídale al agente inmobiliario una copia del contrato de venta de propiedades estándar de su área. Le dará tiempo para leerlo y hacer preguntas antes de presentar la oferta.

En muchos casos, su agente inmobiliario le ayudará en su negociación, pero recuerde, el agente inmobiliario tiene mucho interés en hacer una venta por un precio más alto. Un abogado de bienes raíces también puede ayudarle en sus negociaciones.

El agente inmobiliario le ayudará a completar los formularios apropiados para presentarlos al vendedor. En muchas áreas del país, los compradores dan una suma de *fianza* (dinero que le demuestra a los vendedores una garantía de seriedad en la compra de la casa) en una plica como depósito de buena fe con la oferta. El agente se reúnen con los vendedores y sus agentes y *presentan la oferta*. Los vendedores entonces tienen la opción de rechazar la oferta o hacer una *contraoferta*. Esto puede seguir hasta que el comprador o el vendedor rechaza la oferta y no se hace nada en sentido opuesto.

Cosas para Recordar en las Negociaciones

- Sea firme en el precio máximo que usted desea pagar por la propiedad, pero no se lo diga al agente inmobiliario. (No deje que la emoción de las negociaciones o la presión del agente inmobiliario le obligue a sobrepasar su límite.)

- Utilice la cláusula de inspección para asegurarse que la casa es tan sólida como se describe en la publicidad y que no encubre daños ocasionados por insectos.

- Utilice la cláusula de fecha límite para la aprobación de una hipoteca por las dudas que no obtenga la hipoteca que desea.

- Sepa por qué los vendedores se mudan y use esta información para determinar si están apurados para vender. (Por ejemplo, si el vendedor necesita mudarse rápidamente, puede aceptar una oferta más baja solamente para vender la propiedad.)

- No se apresure en realizar una oferta. En algunas regiones, las casas se venden en un día; ésta es la razón por la que usted debe conocer el área. En muchos casos, es aconsejable esperar hasta lo haya "consultado con la almohada." (Los compradores que se apresuran en hacer una oferta pueden parecer muy ansiosos por esa casa. Los vendedores pueden aprovechar eso para insistir en el precio completo solicitado originalmente.)

- No limite las opciones de hipotecas. Si usted califica para los préstamos de VA o FHA, puede que desee escribir un contrato para usar una de éstas y otro para los préstamos convencionales a bajo precio. De esta manera, si los vendedores rechazan los préstamos de VA o FHA, usted tiene la posibilidad de realizar inmediatamente una contraoferta para un préstamo convencional a un precio de compra más bajo.

■   Insista en veinticuatro horas para revisar la casa el día antes del cierre. En algunas ocasiones, un vendedor no muy ético puede quitar ítems, que de acuerdo al contrato, deben permanecer con la casa. (Para algunos vendedores, esto es un juego para probar hasta dónde pueden llegar. Si insiste en revisarla el día anterior del cierre, se eliminarán muchos de estos problemas.)

■   Permanezca tranquilo cuando haga la oferta. Aunque por dentro, sienta una revolución por la gran deuda contraída, evite demostrárselo al agente inmobiliario.

Consejo de Abogado

Haga planes tentativos con su agente inmobiliario para ver otras casas. De esta manera, su agente se dará una idea que su oferta no es una decisión de vida o muerte. Cuanto menos interés demuestre, tendrá una mejor posición en la negociación.

Fianza

Parte de la mayoría de las compras de casa es la *fianza*, la que se retiene en la *plica* (depósito en garantía) mientras las partes realizan sus negociaciones. La fianza es una suma que indica que usted es un comprador serio. La suma de fianza varía de un área a otra y usualmente se paga en efectivo o *pagaré*. Si el comprador decide retractarse o salir de la operación por alguna razón que no esté especificada en la cláusula del contrato, el vendedor se queda con la suma de la fianza como pago del inconveniente. Por supuesto, el vendedor y el agente inmobiliario quieren retener una suma importante de fianza.

Plica (*Depósito en Garantía*)

La fianza se retiene en lo que los que están en bienes raíces llaman *plica* o *depósito en garantía*. (También, las entidades crediticias hipotecarias retienen una suma para impuestos y seguros inmobiliarios de la misma forma.) Plica (escrow) es otro nombre que se le da al dinero de una persona que eventualmente la recibirá otra persona, pero que está retenida en manos de una tercera persona. Algunos estados tienen agentes licenciados especializados en plica (escrow); otras agencias tienen designada a una persona en especial para las cuentas de plica.

Plica Tipo 1

El comprador pone su fianza en una Plica Tipo 1, (escrow) una cuenta que se abre cuando se hace una oferta. Esta cuenta contiene la fianza (depósito en garantía) del comprador, retenida por una tercera parte, la cual eventualmente será parte del pago del comprador al vendedor. Si la oferta para comprar la casa se rechaza, se le devuelve la fianza al comprador. Si la oferta de compra de la casa fracasa porque el comprador desiste de la idea, el vendedor se queda con el dinero. Si la oferta de compra de la casa falla por una cláusula, el contrato de oferta determina quién se queda con el dinero.

Plica Tipo 2

La empresa crediticia usa la cuenta *Plica tipo 2* (como un depósito en garantía) para pagos de seguros e impuestos. Esta cuenta contiene dinero del comprador que contribuye cuando compra la casa. Se retiene por la compañía o entidad crediticia hasta que las cuentas de los seguros e impuestos se deban pagar.

Capítulo 10

Tasadores, Inspectores, y Seguros de Propietarios

Además de los agentes inmobiliarios y corredores, los que ocupan un segundo lugar en importancia como profesionales y con quienes usted debe tratar son los *tasadores, los inspectores* y los proveedores de seguros. En muchos estados, estos profesionales tienen licencia y se les exige cumplir con ciertos cursos educacionales. En áreas donde existe mucha actividad inmobiliaria los tasadores e inspectores suelen tener citas con un mes de anticipación.

Otra persona importante con quien usted deberá tratar será su corredor de seguros inmobiliario. Esta persona puede enviarle un inspector profesional para que vea su casa antes de que le provea una póliza de seguros inmobiliaria.

Tasadores

Generalmente, el prestamista contrata un *tasador* para asegurarse que la propiedad represente el valor del préstamo. Algunos prestamistas requieren que el comprador seleccione el tasador, mientras que otros tienen sus propios tasadores o contratan a unos específicamente. Su agente inmobiliario o abogado pueden ayudarle a buscar un tasador en caso de que usted necesite a alguien.

El trabajo de un tasador es mirar la casa para ver si no tiene defectos obvios, comparar la propiedad con otras similares en el área y enviar información a la entidad hipotecaria.

Yo he tratado con tasadores que han pasado horas interminables midiendo cada cuarto, revisando la plomería, escuchando la caldera o sistema de calefacción e inspeccionando con una luz brillante si los cimientos tenían roturas. Otros sólo inspeccionan la propiedad en quince minutos.

Lo que en realidad un tasador investiga es si el precio de venta de cierto tipo de propiedad está de acuerdo con esa zona en particular. Si usted desea comprar una propiedad que vale dos millones de dólares en un área donde las casas se venden por debajo de los $50,000 dólares, el tasador deberá averiguar por qué.

Inspectores

Normalmente, los *inspectores* tienen más educación y experiencia que los tasadores. Además de estar entrenados en ciertas áreas, los inspectores también pueden ser especialistas que solamente hacen cierto tipo de inspecciones. Las asociaciones de inspectores más importantes certifican las credenciales de sus inspectores.

Algunas de las más grandes asociaciones son *La Sociedad Americana de Inspectores de Propiedades (ASHI—*

American Society of Home Inspectors) y la *Asociación Nacional de Inspectores* (NAHI—*Nacional Association of Home Inspectors*). El estado donde usted reside puede tener sus propias asociaciones de inspectores.

Organizaciones tales como la VA (*Asociación de Veteranos*) y la FHA (*Autoridad Federal de la Vivienda*) requieren inspecciones específicas en la propiedad para que se pueda calificar para un préstamo. Su contrato de oferta para comprar una casa debería tener una cláusula contingente o condicional en la que requiera que la propiedad pase una inspección. Además de la cláusula de contingencia, su prestamista de hipoteca y su agente de seguro inmobiliario también deben solicitar una inspección. Su agente inmobiliario o abogado pueden estar en condiciones de proveerle nombres de inspectores o quizás pueda facilitarle algunas referencias de sus amigos, familia o su prestamista.

La Inspección

Dependiendo del inspector, el posible comprador puede seguir o estar presente durante la inspección. Después de que se completa la inspección el inspector escribirá el reporte y se lo enviará al comprador o su abogado(a) para que le haga una revisión.

Generalmente la inspección consiste de lo siguiente:

- *Desagüe.* La lluvia y la nieve deberían desaguar fluidamente de la propiedad para evitar inundación.

- *Instalación eléctrica.* Si el sistema eléctrico de la propiedad se encuentra defectuoso o insuficiente,

se debe poner en condiciones hasta cumplir con
los códigos de construcción locales.

Consejo de Abogado

Consulte con su inspector profesional si usted puede
seguir con la inspección. Algunos inspectores no
tienen problema con que el posible comprador esté
presente. De esta forma, se le pueden explicar los
defectos en el momento; otros inspectores y muchos
vendedores prefieren que solamente el inspector que
produce el documento escrito haga la inspección. Si
usted está presente, puede participar; lleve un
cuaderno para escribir los problemas.

- *El Techo.* Las goteras en el techo, remiendos y
  múltiples capas de techo son importantes. Las
  goteras pueden causar daño en las paredes inte-
  riores y debilitar la estructura de la propiedad.

- *La caldera (sistema de calefacción) y el aire
  acondicionado.* La antigüedad del sistema de
  calefacción o la unidad de aire acondicionado es
  muy importante. Las calderas o sistemas de
  calefacción antiguos son generalmente inefi-
  cientes y pueden causar ridículas sumas de
  consumo además de la pérdida de energía.
  Existen pruebas especificas, especialmente en
  caso de pérdida de CO_2 gas y otras pérdidas,
  que se le pueden efectuar a la caldera.

- *Plomería.* El inspector revisará la presión del
  agua y se asegurará que los grifos y los inodoros
  funcionen apropiadamente. También revisará
  las pérdidas de aguas de las cloacas y

movimientos lentos de drenaje para ver si pueden ser indicios de mayores problemas.

- *Insectos.* Muchas compañías hipotecarias, incluyendo la FHA y VA requieren que se inspeccione para ver si hay hormigas (termitas). Las termitas pueden llegar a destruir la estructura de la casa sin dejar demasiadas evidencias. Diferentes regiones del país también incluyen otros insectos. Los inspectores o exterminadores pueden realizar estas pruebas.

- *Ventilación.* El inspector puede revisar las ventanas y las puertas para ver si tienen pérdidas y calafateo (caulking) inadecuado. También el inspector revisará si la propiedad es tan hermética que el moho puede crecer debido a la poca ventilación.

- *Cimientos.* Los cimientos serán revisados para prevenir roturas y rajaduras.

- *Daños en la estructura.* Asegúrese que la estructura entera del edificio sea revisada por daños e indicaciones de posible deficiente mantenimiento.

- *Medio ambiente* Usted puede conseguir que le hagan una investigación especial por pintura que contenga plomo, radón, asbesto, aldehído fórmico, y otros riesgos que pudieran afectar el medio ambiente. Ciertas áreas requieren este tipo de inspección. (Si usted ha realizado sus investigaciones en el vecindario y ha encontrado que hubo alguna pérdida u otro problema ambiental en la tierra o en las aguas subterráneas, usted también puede determinar si ese problema le ha afectado de alguna manera a esta propiedad.)

Defectos

Entonces ¿qué pasa cuando el inspector encuentra un defecto? Esa respuesta depende de usted y de la compañía hipotecaria. Las hipotecas de VA y FHA requieren que la casa pase ciertos niveles de inspección. Ambas organizaciones esperarán que el vendedor repare los defectos antes de que se emita la hipoteca.

Los prestamistas convencionales pueden variar en cuanto a las resoluciones referente a los defectos. La mayoría requerirá que se reduzca la suma del préstamo hasta que se iguale con la suma del valor de la propiedad con defecto. Esto significa que usted debe enfrentarse con una suma más grande de anticipo.

Si usted ha escrito el contrato de oferta para incluir la contingencia que la propiedad debe pasar la inspección, usted puede negociar. Técnicamente, si la propiedad no pasa la inspección, usted puede salirse (evadirse) del contrato. Es posible que tenga que pagar la inspección, pero usted debería tener la posibilidad de que le devuelvan su depósito (de dinero).

Otra forma es conseguir que el vendedor arregle el defecto y vuelva a inspeccionar la casa o pagar una suma para que se reparen los defectos. Esta puede ser la suma adicional de depósito que el prestamista ahora requiere.

Otra ventaja para el comprador es que en algunos estados el vendedor debe mencionar los defectos de naturaleza serios. Si la venta se realiza y entonces el comprador encuentra defectos específicos, el comprador puede hacer juicio al vendedor por los fondos para reparar la propiedad.

Seguro a la Propiedad

Antes de completar la compra de la casa de sus sueños, la entidad crediticia le requerirá que compre seguro para su casa. Se le pedirá que produzca un *Certificado de Seguro, Documento Provisional de Seguro*, o un documento en el cual la compañía de seguros indica que usted tiene seguro a la propiedad en el cierre. Si usted no obtiene seguro para el día del cierre de la operación, el cierre se detendrá. No se le permitirá comprar la casa hasta que obtenga seguro.

El seguro a la propiedad protege la inversión del prestamista y su inversión. Las entidades crediticias generalmente requieren seguro a la propiedad a un cierto nivel financiero. Además, el estado en el cual la propiedad está ubicada también puede requerir que el propietario obtenga ciertos tipos de seguro. Si la casa está ubicada en un área de inundación (terreno aluvial), probablemente se le pida que obtenga un seguro de inundación.

Las pólizas de seguro estándar para propietarios tienen dos secciones. La primera cubre la propiedad y la segunda cubre su obligación (responsabilidad) de ser demandado por incidentes que ocurran en su propiedad.

El reembolso por daños a artículos específicos o a la casa misma, es generalmente identificado en términos de *valor actual en efectivo* y *costo de reemplazo*. El valor actual en efectivo toma en consideración la depreciación del artículo dañado, lo que resultará en que el propietario reciba una cantidad reducida. El costo de reemplazo es la cifra actual en dólares que requiere para reemplazar la propiedad con algo de tipo similar, lo que puede significar que la compañía de seguros tenga el derecho de dictar cómo se reparará su casa.

El seguro a la propiedad es un tema complejo. La entidad crediticia, el estado, dónde está ubicada la casa y, finalmente, el deseo del propietario dictan el tipo de póliza y los artículos que la póliza cubrirá.

Capítulo 11
El Cierre

El *cierre de la operación* o *el arreglo* ocurre cuando los compradores, los vendedores, los agentes, los abogados, el agente de la plica (escrow), la compañía que posee el título, la entidad crediticia (hipotecaria) u otros invitados se sientan para finalizar el acuerdo de compra-venta. Muchas de las personas en esta lista enviarán un representate *o* un documento legal. Esto es lo que usted ha estado esperando—el procedimiento formal para que la casa de sus sueños sea suya.

Consejo de Abogado

El día antes del cierre usted debe revisar la que pronto será su nueva casa. Esto es para determinar si hay nuevos daños desde que ha hecho la oferta y si todos los artículos que están en el contrato de oferta todavía se encuentran en la casa. Su agente inmobiliario podría coordinar la visita.

Legalmente éste es el momento cuando el vendedor transfiere la propiedad al comprador por intercambio de dinero. Se espera que el comprador traiga ciertos documentos al cierre de la operación. La compañía que posee el título o el agente de plica le presentará al comprador y vendedor una *declaración de derecho* que detalle exactamente la cantidad de dólares por cada parte que se vende. El comprador, el vendedor y sus respectivos abogados verificarán los números y firmarán la declaración.

El vendedor y el comprador escribirán *cheques certificados* por la porción del costo de cierre. El comprador entonces tiene la oportunidad de revisar los documentos hipotecarios y firmarlos. El agente de plica, la entidad crediticia, o el agente del título establecerán una cuenta plica para depositar pagos de futuros impuestos y seguros del propietario. La entidad crediticia entonces escribe un cheque por la suma total del préstamo hipotecario.

Muchos otros documentos se revisan y se firman por las dos partes interesadas el comprador y el vendedor. Si los artículos domésticos y muebles se vendieron con la casa, quizás sea necesario presentar un documento adicional. Tanto el vendedor como el comprador deberán firmar el título. El vendedor entonces le entrega la llave al comprador.

El paso final lo realiza el agente de plica, la compañía que administra títulos o el abogado. Ellos registrarán el nuevo documento que transferirá el título de propiedad (deed) donde figurará la ciudad apropiada, el condado u oficina estatal. Dejando registrada esta información, la propiedad será revaluada y los impuestos a la propiedad probablemente incrementarán. Éste es el momento cuando usted se convierte en propietario de su primer hogar.

Los Documentos del Cierre de la Operación

Sería imposible reproducir la variedad de documentos de cierre que los profesionales de bienes raíces utilizan en los Estados Unidos. Los documentos varían según los tipos de hipotecas, prestamistas, estados, condados, ciudad y profesionales de bienes raíces. La mayoría de los documentos son financieros y provienen del préstamo hipotecario. Lo que a continuación se detalla es una lista que probablemente le requieran que firme. La mayoría de las operaciones terminan con el doble de los documentos que aquí se detallan.

- El de *Acta de Declaración de Procedimientos de Bienes Raíces (RESPA)* requiere que el comprador firme una declaración de reconocimiento que ha sido informado acerca del funcionamiento del cierre de operaciones.

- HUD-1 *Declaración de Derechos*; éste detalla cada pago asignado por el comprador y el vendedor.

- El *Acta de Protección al Consumidor Prestatario* (Truth in Lending Disclosure Statement) le dirá al comprador exactamente cuánto costará comprar la casa. Esto significa la suma del capital más el interés.

- El *Contrato hipotecario* es el acuerdo entre el comprador y la entidad crediticia para prestarle cierta

cantidad de dinero al comprador. Esto incluye los
días en que vence el pago, las tasas de interés, y
otra información de términos hipotecarios.

■   El *Instrumento de Garantía o Seguridad* también
se le puede llamar la *Hipoteca* o el *Título de
Propiedad*. Se usa en el caso en que se pone a la
propiedad como colateral o en garantía para
respaldar el préstamo.

■   Los *Documentos de plica de la entidad crediticia
hipotecaria* muestran la suma correspondiente a
los impuestos y seguros (en calidad de depósito).

■   Los *Documentos de plica de la fianza* indican la
suma transferida al vendedor.

■   Los *Documentos de impuestos locales* registran la
venta a un nuevo propietario y dirigen a las
autoridades locales de impuestos para que envíen
las facturas de impuestos a su entidad crediticia.

Qué se debe Presentar
en el Cierre de Operación

Su abogado y agente de bienes raíces le dirán qué debe
presentar en la junta del cierre. Ellos también pueden
proveerle algunos documentos.

Los documentos generales incluyen:

■   el contrato de oferta;

■   los documentos de plica;

■   la tasación;

- las inspecciones;

- las investigaciones sobre la propiedad;

- la investigación del registro de la propiedad;

- la póliza de seguro;

- pruebas de seguro como propietario;

- pruebas que la casa fue revisada y está en buenas condiciones; y,

- un cheque certificado por el costo del cierre.

Probablemente haya otros documentos que se requieran para su cierre dependiendo de las leyes del área, el tipo de hipoteca y los estándares de venta.

Costos del Cierre de Operación

No hay reglas definidas para determinar quién paga qué. Compradores y vendedores constantemente negocian los costos del cierre como parte de la operación. Aún en los casos de préstamos de VA y FHA, donde la mayor parte de los costos se le asignan al vendedor, el comprador y el vendedor pueden hacer un arreglo paralelo.

Generalmente, el costo del cierre consiste de lo siguiente:
- honorarios por la solicitud hipotecaria;

- puntos;

- inspecciones;

- impuestos estatales;

- impuestos de la ciudad;

- honorarios por el título;

- seguro;

- honorarios de plica;

- honorarios por la preparación de documentos; y,

- otros gastos.

Las cifras de los costos varían según el tamaño y tipo de préstamo, los impuestos estatales y locales, el precio total de la casa y los estándares del área.

Una de las cosas más fastidiosas acerca de los costos del cierre es que son muy difíciles de calcular. Solamente después de que la entidad crediticia, la compañía que emite los títulos, los inspectores, la compañía de seguros, y otras personas efectúan sus procesos, recién entonces se pueden calcular los costos de cierre. Generalmente, la compañía que administra los títulos hace los cálculos acerca de los costos de cierre días o aún horas antes del la fecha del cierre. Eso no le da al comprador una gran cantidad de tiempo para obtener un cheque certificado. Esto es verdaderamente válido en áreas donde hay mucha actividad de bienes raíces.

Problemas
Hay algunas cosas que pueden impedir el proceso del cierre. Cualquier documento que falte, que no se haya

llenado correctamente o que no este de acuerdo con las leyes estatales de bienes raíces, pueden detener y aún posponer el cierre. Se puede esperar que haya problemas y demoras en el cierre porque es raro que los cierres de bienes raíces no tengan inconveniente, no importa cuán preparado uno esté. Aún cuando no hay problemas, es casi seguro que el cierre demora más de lo que le dijo su agente de bienes raíces.

Un abogado de bienes raíces con experiencia puede ayudar de verdad al comprador por primera vez en el campo de cierres y los posibles problemas. Los abogados que han estado en muchos cierres de bienes raíces pueden desviar algunos de los problemas que toman más tiempo obteniendo investigaciones de títulos, documentos hipotecarios y otros documentos requeridos para su estado—y después revisar estos documentos. Este tipo de coordinación es especialmente crítico si usted se está mudando a otro estado o debe cerrar el trato en una fecha determinada. Un cierre retrasado (demorado) puede costarle tanto al comprador como al vendedor tiempo y dinero, y hasta puede causar que se cancele la venta. Aunque un abogado de bienes raíces es otro gasto, ese abogado puede evitar retrasar el cierre.

La primera acción que puede tomar el comprador por primera vez para prepararse para el cierre es reunir todos los documentos requeridos para presentar en el cierre. Consiga una carta de la compañía de seguros de casas certificando que usted tiene seguro en el edificio. Presente la suma de dinero exacta, usualmente en cheques certificados o de cajero y lo que le digan que lleve. También lleve una cifra de dinero en efectivo más su chiquera por si hay errores en los cálculos de último momento. (Yo recomendaría retirar quinientos o mil dólares en efectivo de su cuenta bancaria para el cierre y después depositar lo que no se necesitó ese mismo día.)

Si usted puede, tome libre el día entero para que no esté preocupado de volver al trabajo. También si puede, no programe la mudanza para el día del cierre. Trate de programarla unos días después de que tome posesión de la casa, lo cual le dará tiempo de limpiar el interior.

Entonces, ¿qué hace si tiene un camión lleno con todos sus muebles y el cierre se pospone? La mayoría de las compañías de mudanzas tienen servicios especiales de almacenaje si se pospone el cierre, pero los muebles ya están en el camión. Yo he estado en el lado malo de este tipo de cierre y he pasado tres horas buscando un depósito público para que el camión descargue la mercadería. Sea inteligente y consulte con la empresa de mudanzas antes de firmar con ellos.

Los cierres problemáticos le afectan a casi todos. No permita que esto le disminuya su entusiasmo por su nueva casa. Honestamente, años después del cierre, usted se reirá de esto. Será un tema de advertencia para sus amigos que renten departamentos y serán grandes historia para contarle a sus nietos.

Conclusión

El comprar una casa, especialmente la primera, no es una tarea fácil. Hay expectativas de que los compradores de casas hagan grandes decisiones sobre el futuro de sus finanzas, de su comunidad y sobre un edificio dentro del cual han estado menos de sesenta minutos. Durante este proceso, también se espera que el que está comprando casa por primera vez maneje la compra con éxito sin la ayuda de una red de seguridad para encontrar los errores ni una bola de cristal para predecir el futuro de la economía.

Este libro fue diseñado para los que compran casas por primera vez con suficiente conocimiento de que se puede reducir su miedo y pueden introducirse en el campo de bienes raíces sin necesitar una red de seguridad.

Un comprador de casas que ha investigado la comunidad, que ha enlistado la ayuda de inspectores de casas calificados y que tiene conocimiento de cómo funcionará el financiamiento de casas para ellos, puede estar confiado de que ha hecho la decisión correcta cuando escoge su primera casa.

Cuanta mayor información pueda aprender el comprador acerca del proceso de seleccionar, financiar y actualmente comprar una casa, más fácil le será.

Glossario

401K. Programa de inversiones entre el empleador y el auspiciado en el cual se separa dinero de impuestos diferidos para la jubilación.

A

abono inicial. Término usado para indicar un acuerdo preliminar. (En negocios inmobiliarios un comprador generalmente provee un abono inicial, por medio de recibo, con la oferta, a cuenta de la compra de un inmueble.)

Acta de Protección al Prestatario. Ley federal que requiere que el prestamista detalle por escrito todos los aspectos financieros hipotecarios.

Acta de Oportunidad de Igualdad de Crédito (ECOA). Ley federal que requiere que las entidades financieras provean disponibilidad de crédito, igualmente, a todas las personas sin discriminación de raza, color, religión, origen natural, edad, sexo, estado civil (casado o soltero), o que este recibiendo ingresos de programas de asistencia pública.

Acta de Procedimientos de Acuerdos en Bienes Raíces (RESPA). Ley que provee protección al consumidor, requiriendo al prestamista otorgar notificación del costo de cierre a los compradores.

Acta de Protección de Información de Crédito. Ley que protege a los consumidores a través de las regulaciones federales relativas al total de interés pagado durante la existencia del préstamo, y a los procedimientos para reparar errores en cuanto a la información de crédito de una persona.

acuerdo financiero preestablecido. Se utiliza en ciertas regiones del país para probar que el comprador ha sido preaprobado para un préstamo hipotecario.

Administración de Propiedad de Agricultores (FMHA). Organización que provee préstamos específicamente a los agricultores que están incapacitados de encontrar otra financiación.

Administración Federal de la Vivienda (FHA). Una división del HUD que asegura préstamos residenciales hipotecarios y fija estándares para aseguradores.

agente autorizado. Es el agente inmobiliario que firma el contrato con el comprador para listar la propiedad en caso de venta. Este también puede ser el agente del comprador o vendedor en la transacción.

agente de bienesraíces. Es un profesional de bienes raíces que es miembro de una junta afiliada con la *Asociación Nacional de Vendedores de Bienes Raíces.*

agente del comprador. Agente inmobiliario contratado por el comprador para representarle en la búsqueda y la negociación de la compra de la propiedad.

agente del vendedor. El agente de bienes raíces que en la transacción representa al vendedor de la propiedad.

agente hipotecario. Una persona que encuentra una hipoteca para un comprador, cobrando honorarios o comisión.

alquiler con opción a compra. Un acuerdo entre el dueño de la propiedad y el posible comprador según el cual la renta o una parte proporcional de la renta será aplicada como un anticipo sobre la propiedad, en determinada fecha.

amortización. Reembolso de la hipoteca a través de un cierto número de años, que es el término de la hipoteca.

anexo. Cláusulas adicionales establecidas en el contrato de bienes raíces y que la ley local las requiere.

anticipo, pago adelantado. La suma de un dinero inicial que pagará un comprador por una propiedad, además del dinero de la hipoteca.

apreciación. Incremento en el valor financiero de la propiedad.

aprobación previa. Un acuerdo del prestamista para otorgar una particular cantidad de dinero, en préstamo, al comprador.

ARM convertible. Una hipoteca ajustable que se puede convertir a una hipoteca de interés fijo en ciertas condiciones.

asociación de propietarios. Un grupo de propietarios que manejan áreas comunes y establecen sus reglas. Normalmente se encuentran en condominios o comunidades cerradas.

Asociación Federal de Hipotecas Nacionales (FNMA) o Fannie Mae. Una corporación creada por el gobierno que compra y vende hipotecas convencionales e hipotecas que están aseguradas por la FHA o VA.

Asociación Hipotecaria del Gobierno Nacional (GNMA) o Ginnie Mae. Agencia del gobierno que compra hipotecas convencionales de entidades bancarias aprobadas por el HUD.

avalúo catastral. Valor de una propiedad establecido por un asesor de impuestos con el propósito de calcular el impuesto anual a la propiedad.

B

bancarrota (quiebra). Procedimiento legal en la corte federal en el cual una persona con mas débitos que bienes puede reducir la deuda bajo la dirección de un fiduciario (persona nombrada por una corte de quiebra para administrar o distribuir los bienes de otra).

beneficiario. Persona que recibe las ganancias de un consorcio, testamento o patrimonio.

bienes líquidos. Aquellas cosas que se convierten en efectivo rápidamente.

bienes raíces o inmuebles. Nombre legal de una casa, tierra, y otras estructuras permanentes, y todos los derechos incluidos en la venta de la propiedad.

C

cámara de comercio. Asociación de comerciantes constituida para la promoción de intereses comerciales.

capital. En un préstamo, es la suma de la deuda sin incluir los intereses.

capital, intereses, impuestos y seguros (PITI). Componentes de un pago hipotecario mensual.

cargo o penalidad por pago anticipado. Cargo por el pago adelantado de la hipoteca.

cargo por mora. Penalidad financiera por no cumplir con la fecha de vencimiento de la deuda.

cartera de valores de la entidad crediticia. Una entidad crediticia hipotecaria que efectúa préstamos de la propia cartera de valores del prestamista.

certificación del titulo de propiedad. Un documento que lo escribe una compañía de títulos, abogado, o la compañía que se ocupa de hacer resúmenes informativos, donde detalla quien es el dueño legal de una propiedad.

certificado de elegibilidad. Se usa en una VA hipoteca garantida para probar que el veterano ha calificado legalmente para un préstamo.

certificado de valor razonable (CRV). Se utiliza en una hipoteca con garantía del VA, es la tasación que se realiza para la *Administración de Veteranos* para demostrar la evaluación de la propiedad.

cierre de operaciones. El evento que ocurre cuando se finaliza la compra de una propiedad. Los documentos se firman, se intercambia el dinero, y el comprador recibe las llaves de su casa.

citación por mora. Es un documento legal escrito que debido a que al prestatario no paga su préstamo, se le informa que se considera moroso y que se iniciará un proceso legal.

cláusula. Una condición que se debe cumplir antes de que se haga valer el contrato. En un contrato de oferta de bienes raíces, las cláusulas más comunes son que la propiedad pase ciertas inspecciones y que los compradores puedan obtener financiación.

cláusula de obligación en el momento de venta. Cláusula legal en el contrato hipotecario que permite que el prestamista demande inmediatamente el pago del balance de la hipoteca cuando la entidad crediticia (poseedora de la hipoteca) venda la casa.

códigos de construcción. Regulaciones y leyes locales que definen todos los aspectos de una estructura.

colateral. Una posesión que se coloca para garantizar que se vuelva a pagar el préstamo.

comisión. En las operaciones de bienes raíces o inmobiliarias, el porcentaje del precio de venta que el vendedor le paga a su agente inmobiliario.

comodidades. Descripción de artículos extras provistos con la casa.

con derecho. Comúnmente usado para indicar el porcentaje de posesión o dominio que un empleado tiene en su cuenta de jubilación.

contraoferta. La respuesta del vendedor de la casa a la oferta del comprador sobre la casa.

contrato mercantil o de entrega de título de propiedad. Documento entre el comprador y el vendedor para traspasar el título de propiedad.

Corporación Federal de Préstamos Hipotecarios para Vivienda (FHLMC) o Freddie Mac. Agencia que compra hipotecas convencionales de las entidades bancarias aprobadas por el HUD.

costo del cierre. Los gastos que se suman al precio de la propiedad y que se pagan por el comprador y el vendedor.

costo de vida. Costo de las necesidades básicas de la vida.

crédito estimado. Un número que representa la posibilidad que una persona pagará sus cuentas a tiempo. El crédito estimado lo calcula la junta de crédito.

D

declaración de derecho. Formulario que se usa en el momento del cierre o acuerdo (comúnmente se refiere al convenio HUD).

declaración del cierre. Documento comúnmente llamado HUD(así llamado) que lista los costos ocasionados por la adquisición del préstamo hipotecario y la compra de la casa.

Departamento de la Vivienda y Desarrollo Urbano (HUD). Agencia gubernamental cuyo primer propósito es proveer pólizas de seguros hipotecarias.

Departamento Federal Regulador de Métodos y Prácticas Comerciales (FTC). Agencia gubernamental que regula y supervisa juntas de crédito.

depreciación. La declinación del valor de la propiedad; lo opuesto a apreciación.

derecho de retención. Gravamen puesto en contra de la propiedad por un contratista privado que no cobró.

derecho de supervivencia. Características de posición mancomunada. Si uno de los propietarios muere, el otro propietario se queda con la parte que le correspondía al fallecido sin tener que hacer un testamento.

derechos de ingresos y egresos. En bienes raíces, es el derecho a entrar o dejar una porción de la propiedad.

deuda en proporción a los ingresos. El porcentaje de los ingresos de una persona que se le ha prorrateado de las deudas tales como hipotecas, préstamos, utilidades y tarjetas de crédito.

deudor hipotecario. El prestatario.

documento provisional de seguro. Un documento escrito por una compañía que establece que el seguro temporario está en efecto. (Esto se requiere en el momento del cierre para probar que el comprador ha contactado a la compañía de seguros y que se proveerá cobertura de seguros.)

dominio supremo. El derecho que tiene el gobierno para tomar la propiedad privada para uso público, luego de que el propietario recibe la suma del valor del mercado por la propiedad (de la cual fue dueño).

E

encierro. Un contrato escrito, otorgado por el prestamista, que garantiza una particular tasa de interés, en una propiedad particular por un período establecido.

entidad crediticia o prestamista. Un banco o una institución financiera que presta dinero a los compradores.

especial del hombre habilidoso. Expresión que no tienen definición en la industria de bienes raíces; normalmente se refiere a un hogar que necesita mantenimiento.

escritura de fideicomiso. En algunos estados se usa este documento legal, en lugar de, o además de un documento hipotecario para asegurarse el pago.

escritura de venta. Documento legal que da título a una propiedad personal.

estado financiero (hoja de balance). Estado financiero que muestra posesión de bienes, deudas y valores netos.

F

FHA préstamos. Préstamos asegurado por la Administración Federal de la Vivienda.

FICO. Un cálculo de prorrateo de crédito, hecho por Fair Isaac & Co. Que las juntas privadas de crédito utilizan para indicar posibilidades de que una persona será cumplidora con sus pagos.

fianza. Una significativa suma de dinero que el posible comprador pone de adelanto con la oferta para comprar y demostrar que tiene seriedad en seguir adelante con la operación.

financiación del propietario. En la venta de bienes raíces, el vendedor provee una parte o toda la financiación.

finiquito o renuncia de derecho. Una escritura que transfiere la propiedad sin garantía. El vendedor transfiere en ese momento al comprador cualquier interés o derecho que él o ella tienen sobre la propiedad, sin la garantía de que el vendedor tenga algún interés.

Freddie Mac o Corporación Federal de Préstamos Hipotecarios para Vivienda (FHLMC). Agencia que compra hipotecas convencionales de entidades bancarias aprobadas por HUD.

funcionario oficial de registros. Oficial público u oficial que legalmente registra las escrituras, después que la propiedad ha sido vendida o transferida.

G

garantía. Promesa de pagarle las de deudas de otro.

garantía de una residencia o inmueble. Asegurar una nueva casa por daños en la estructura y las condiciones mecánicas de la propiedad.

Ginnie Mae o Asociación Hipotecaria del Gobierno Nacional (GNMA). Agencia del gobierno que compra hipotecas convencionales de entidades bancarias aprobadas por el HUD.

gravamen sobre un título. Un gravamen sobre el título de propiedad que debe liberarse de deudas para que se pueda traspasar del vendedor al comprador.

H

hipoteca. Un préstamo de la propiedad donde la misma queda como un colateral.

hipoteca asumible (delegable). Contrato de hipoteca que puede ser transferido de una persona a otra.

hipoteca cooperativa o colectiva. Una hipoteca adicional que incluye pagos sobre hipotecas previas.

hipoteca redondeada. Un contrato de hipoteca con bajos pagos mensuales que no se incrementan a través del tiempo hasta el último pago. El pago final,

o sea el que se debe al final del término de la
hipoteca, es generalmente muy grande.

historia de pago. Parte del informe de crédito de una
persona, registros de pagos efectuados en término y
pagos efectuados más tarde.

hoja de información. Hoja de papel que tienen los
agentes de bienes raíces y que contiene los detalles
de una casa.

I

impuesto de transferencia. Impuestos de la ciudad y el
estado sobre la venta de la propiedad.

impuesto patrimonia. Son los impuestos que se le car-
gan al propietario de bienes raíces, son deducibles de
la presentación federal de impuestos a los ingresos
anuales.

incumplimiento. Otra palabra para mora. Cuando se
fracasa en los pagos regulares del préstamo.

índice. Una tasa que se usa para computar el índice
sobre las tasas hipotecarias ajustables.

índice de certificados de depósitos. Índice de interés
comúnmente usado para cambios de tasas de intereses en las tasas hipotecarias ajustables.

índice de los costos de fondos (COFI). Un índice que
se puede usar para establecer porcentaje de interés
en un ARM.

inflación. Aumento en el nivel de precio general sobre
las mercaderías y servicios.

informe de crédito. Un informe profesionalmente diseñado acerca de la historia de crédito de una
persona.

ingreso mensual bruto. Ingresos recibidos cada mes de
cada fuente antes de que se hagan deducciones de
impuestos, y de programas que se conocen como
programas de incentivo de ahorro del empleador.

inspección de la casa. Que se realiza por un profesional para evaluar la estructura y la condición mecánica de la propiedad.

inspector. Persona contratada para completar un extenso examen de la casa en representación del comprador; credenciales certificadas por la mayor asociación de inspecciones de la propiedad.

interés. El costo por pedir dinero.

interés diferido. Una hipoteca que se escribe de modo tal que los pagos de intereses son demorados por un tiempo.

investigación. Medida de la propiedad que realiza un agrimensor registrado. Se realiza una legal descripción de la propiedad con referencia a puntos conocidos, dimensiones, edificios y objetos naturales (árboles, rocas y arroyos).

investigación del registro de propiedad. Se revisan los registros para saber quien es el dueño de la propiedad y que gravámenes ha tenido sobre ésta desde el momento en que se construyó la propiedad.

J

juicio hipotecario. Proceso legal en el que una entidad crediticia impone la venta de la propiedad porque el prestatario no pudo cumplir con los pagos hipotecarios.

jurisdicción, competencia. El área donde el propietario está ubicado.

M

método de cálculo de ingresos. Valores de todos los bienes que una persona tiene menos sus deudas.

mejoramiento de capital. Una considerable inversión en una propiedad que se convierte en parte de la casa, como por ejemplo: una remodelación de la cocina, dormitorios o habitaciones adicionales.

mercado secundario. La compra de una hipoteca existente realizada por otra entidad crediticia o prestamista. (Generalmente, no incrementa los pagos hipotecarios, pero puede afectar los beneficios que ofrecía con el préstamo hipotecario.)

modificaciones del préstamo. Se extiende el préstamo por mas tiempo mientras se reduce la cantidad de pago.

mora. Cuando una persona no paga el préstamo hipotecario o cualquier préstamo, se le considera en mora del préstamo.

O

oferta. Legalmente presentarse ante el vendedor con un contrato de compra; la aceptación no es garantida.

orden de compra y venta. Documentos legales firmados por el comprador y el vendedor para hacer proposiciones comerciales sobre una propiedad, por una cierta cantidad de dinero y en términos específicos.

origen del préstamo. Procedimientos que el prestamista sigue para originar una hipoteca en una propiedad.

P

pagaré. Acuerdo legal para pagar o reintegrar una cierta suma de dinero.

pago adelantado. Un pago efectuado además del requerido pago mensual hipotecario. (El pago adelantado permite al comprador pagar por adelantado un préstamo hipotecario, así el pago se aplica al capital, no el interés.)

pagos hipotecarios quincenales. Un contrato hipotecario que requiere que el prestatario (persona que pide dinero prestado) pague la suma de la deuda hipotecaria mensual cada dos semanas.

plica 1 (reserva de dinero o documento). Cuenta que contiene la fianza de un comprador, retenida por una tercera parte, que eventualmente se considerará como parte de pago al vendedor.

plica 2 (reserva de dinero). Cuenta que se usa para pagar los impuestos y seguros.

poder o mandato. Un documento legal que permite a una persona actuar por otra en una transacción legal.

plica o cuenta plica. Término que usan las compañías hipotecarias para distinguir los fondos destinados a pagar los impuestos en una propiedad.

póliza de seguro. Póliza de seguro que protege al comprador de los errores en la investigación del título, especialmente si esos errores causan pérdidas financieras.

póliza de seguro hipotecaria. Un contrato de seguro que pagará el prestamista en el caso de que el prestatario no cumpla con el préstamo hipotecario.

póliza de seguro por inundación. Pólizas de seguros por pérdidas debido a daños ocasionados por el agua. (Usualmente, las requieren las entidades financieras.)

porcentaje total de gastos. Deuda de una persona establecida en porcentaje de sus ingresos brutos, usualmente calculado sobre la base mensual.

porción de plica. Una porción del pago hipotecario que se hace mensualmente y que queda retenido, para el prestamista, en una plica destinada a pagar los impuestos y seguros.

posesión en común. Formas de retener un título de propiedad donde el propietario no tiene que retener partes iguales y no tiene el derecho de superviviente.

posesión entre esposos. Tipo de posesión conjunta disponible para las parejas casadas. Esto incluye: el derecho del superviviente y la protección para que un esposo no venda la casa sin la autorización del otro.

posesión mancomunada. Es cuando dos o más personas son dueñas de una propiedad. Cada persona tiene una parte individual de la propiedad. (Por ejemplo: un marido y su esposa pueden cada uno tener el 50% de la propiedad en una posesión conjunta.)

precalificado. Un comprador que ha sido aprobado preliminarmente para un préstamo. Esto no es una garantía y depende de futuras investigaciones.

prestamistas directos. Un prestamista hipotecario, de cualquier tamaño, que efectúa préstamos de la propia cartera de bienes del prestamista.

préstamo asegurado. Préstamo que está respaldado por un colatera.

préstamo convencional. La hipoteca que no está asegurada por FHA o VA.

préstamo en cuotas. Préstamo que se devuelve en pagos iguales sobre un particular período de tiempo, éste puede ser un préstamo hipotecario o un préstamo por un automóvil.

préstamo no garantizado. Un préstamo no respaldado por un colateral.

puntos. Una suma que se paga al prestamista por el proceso hipotecario. Se mide en términos de puntos, con un punto igual a uno por ciento de la suma de la hipoteca.

R

reducción hipotecaria. Una forma compleja para reducir tasas de interés y pagos mensuales hipotecarios.

radón. Gas radioactivo que se encuentra en algunas casas que puede o no causar problemas de salud.

refinanciar. Intercambio de una vieja hipoteca por una nueva hipoteca con baja tasa de intereses.

rescisión. Es la cancelación de una transacción de contrato.

S

seguro del propietario. Póliza de seguro que protege a los propietarios y a los que poseen hipotecas, en contra de pérdidas.

seguro hipotecario privado (PMI). Acuerdo para otorgar dinero al prestamista si el comprador no cumple con sus pagos.

sentencia, decisión. Decisión legal hecha por una corte. (En bienes raíces, se usa para aplicar gravámenes en contra de una propiedad en caso de no pagar las deudas o los impuestos.)

servicio de listado múltiple. Provee información acerca de todas las casas que están a la venta a todos aquellos agentes de bienes raíces que son miembros registrados.

servidumbre. Servidumbre o derecho de paso que se le otorga a otra persona que no sea el dueño, para permitirle que tenga acceso a la propiedad.

suscripción. El proceso de evaluación e investigación de la solicitud por un préstamo.

T

tasación o avalúo. Análisis por escrito preparado por un profesional capacitado que hace la evaluación de una casa.

tasa de porcentaje anual (APR). El costo de la hipoteca establecida en un término anual, similar a los APR de los automóviles o tarjetas de créditos.

tasador o evaluador. Profesional calificado que estima el valor de una propiedad.

tasa hipotecaria ajustable. Tipo de hipoteca que tiene una tasa de interés variable que se basa en cierto porcentaje o interés financiero.

tasa hipotecaria fija. Hipotecas donde el interés y el pago permanecen iguales por el término del préstamo.

términos. Período de meses del año que se necesita para pagar totalmente una hipoteca.

título. Documento que provee prueba de titularidad a una persona.

título asegurable. Título de una propiedad por el cual una compañía de seguros de títulos está de acuerdo en extender una póliza.

título de propiedad. Documento legal que transfiere el título la propiedad.

título limpio. Un título de propiedad que no tiene gravámenes o complicaciones legales.

tope o límite. Generalmente se refiere a una taza máxima de interés o una suma máxima de pago mensual en una hipoteca con tasa ajustable.

transferencia de posesión. Acción que ocurre cuando la posesión de una propiedad cambia de manos.

U

utilidad de la propiedad. Propiedad tal como un edificio de departamentos, un condominio, o una casa que se renta o alquila para ganar dinero.

usurpación. Una adición o mejoramiento que ilegalmente estorba en la propiedad de otra persona.

V

valor comercial justo o valor comercial equitativo. El precio corriente en el cual una propiedad debería venderse.

valor de la casa o propiedad. Determinado por la conservación de la casa, mejoras que se le han hecho, el vecindario, y la economía.

valor de mercado. Precio estimado que una propiedad puede tener cuando se venda.

valor residual de la propiedad. La suma de interés financiero que un propietario tiene en su propiedad.

Hojas de Trabajo

Hoja de Trabajo 1:   **Comodidades que Quiero en mi Casa:** Es una Hoja de trabajo de cuatro páginas que se usa para clasificar las comodidades que una persona quiera tener en su futura casa.

Hoja de Trabajo 2:   **Visitando Casas en Venta:** Es una hoja de trabajo de dos páginas que se puede usar cuando esté buscando una casa que esté a la venta. Tiene espacios para escribir notas y tamaños para interior y exterior.

Hoja de Trabajo 3:   **Comparando Entidades Crediticias:** Hipotecarias es una hoja de trabajo de dos hojas que se puede usar cuando se comparan cuatro entidades crediticias hipotecarias diferentes y los préstamos que ofrecen.

COMODIDADES QUE QUIERO EN MI CASA

Valor estimado de $_____ a $ _____

Tipo/Estilo de edificio: _____

Acceso para silla de ruedas: ___

Necesidades especiales: _____

No. de habitaciones que debe tener: _____

No. de baños que debe tener: _____

COMODIDADES	ORDEN DE IMPORTANCIA (1 Mayor– 5 Menor)				
	1	2	3	4	5
Patio grande con jardín (1 acre o mayor)					
Patio (con jardín) cercado					
Patio exterior					
Piscina empotrada en el cemento					
Jardinería ornamental profesional					
Espacio cercado para perros					
Cochera abierta					
Garaje para—no. de carros _____					
Garaje adjunto a la casa					
Otros edificios exteriores					
Pozo o tanque séptico					
Agua y cloacas					
Fuente de agua para uso personal					
Horno a gas					
Zócalo/calefacción					
Bomba de calefacción					
Aire acondicionado central					

(continuado en la proxima página)

COMODIDADES	ORDEN DE IMPORTANCIA *(1 Mayor– 5 Menor)*				
	1	2	3	4	5
COCINA:					
Área para comer					
Artefactos eléctricos existentes					
Espacio de trabajo (para cocinar) en el medio					
Nueva o recientemente remodelada					
CUARTOS/ RECÁMARAS:					
Habitación Principal					
Baño privado en el cuarto principal					
Cuarto (Habitación) en el primer nivel					
Sala de estar					
Sala familiar					
Gran sala					
Cuarto de trabajo					
Biblioteca					
Sótano					
Lavadero					
Oficina					
Conexiones para computadoras en todas partes					
Sala de estar formal					
Comedor formal					
Pisos de madera					
Alfombra de pared a pared					
Hogar/chimenea—En que cuartos					
Departamento para parientes políticos					
Otras comodidades					

(continuado en la proxima página)

112

COMODIDADES	ORDEN DE IMPORTANCIA (1 Mayor– 5 Menor)				
	1	2	3	4	5

VISITANDO UNA CASA EN VENTA

Fecha que vio la casa: _____

Inmobiliaria: _____

_____

Precio inicial: $ _____

Impuestos: $ _____

Fuente de agua: Ciudad _____ Pozo _____

Domicilio: _____

_____

_____

Descripción: _____

_____

_____

Tamaño del lote: _____ Pies cuadrados en la casa: _____

Antigüedad: _____

INTERIOR:

CUARTO	TAMAÑO	NOTAS
Cocina		
Lavadero		
Sótano		
Sala de estar		
Comedor		
Cuarto de trabajo		
Gran sala		
Cuarto (Habitación) principal		
Cuarto 2		
Cuarto 3		
Cuarto 4		
Cuarto 5		
Baño 1		
Baño 2		
Baño 3		
Baño 4		

Artefactos eléctricos y otros muebles que se venden con la casa:

_____

_____

_____

_____

_____

_____

_____

_____

Tipo de calefacción: _____

Tipo de aire acondicionado: _____

EXTERIOR
Superficie de la casa: _____

_____

Goteras (Cunetas): _____

Patio, plataforma, porche exterior: _____

Garaje: _____

Estacionamiento: _____

NOTAS:

_____

_____

_____

_____

_____

_____

_____

_____

_____

_____

_____

_____

COMPARANDO ENTIDADES CREDITICIAS HIPOTECARIAS

CIFRA DE LA HIPOTECA: $ _____

PRESTAMISTA #1:

Nombre: _____

Contacto: _____

Domicilio: _____

_____

Teléfono/e-mail: _____

* * * * * *

PRESTAMISTA #2:

Nombre: _____

Contacto: _____

Domicilio: _____

_____

Teléfono/e-mail: _____

* * * * * *

PRESTAMISTA #3:

Nombre: _____

Contacto: _____

Domicilio: _____

_____

Teléfono/e-mail: _____

* * * * * *

PRESTAMISTA #4:

Nombre: _____

Contacto: _____

Domicilio: _____

_____

Teléfono/e-mail: _____

116

	#1	#2	#3	#4
Tipo de préstamo (a plazo fijo, Ajustable, VA, FHA, otro				
Pago inicial requerido				
Duración del préstamo				
Tasa de porcentaje anual				
Puntos				
Plica estimada				
Pago inicial estimado en total				
Solicitud/ honorarios para procesar el préstamo				
Origen/ honorarios de la empresa aseguradora				
Honorarios del prestamista/ honorario de reserva				
Honorarios de tasación				
Honorarios de preparación de documentos y de registros				
Puntos				
Honorarios del informe de crédito				
Otros honorarios que cobra el prestamista				
Prepago disponible				
Costo de la carta para cerrar la tasa de la hipoteca				

NOTAS:

_____
_____
_____
_____
_____

El Autor

La licenciada **Diana Brodman Summers** recibió su título de Abogada del departamento de Abogacía de la Universidad de DePaul. Ella es arbitro de un programa conferido por mandato, de dos condados: el condado de DuPage y el condado de Cook.

Recientemente, fue nombrada principal integrante del comité de Bebidas Alcohólicas en la ciudad de Downers Grove, Illinois. La licenciada Summers, es miembro activo de la Asociación de Abogados Judiciales de América (Association of Trial Lawyers of America) la Asociación de Abogados, la Asociación de Abogados del Condado de DuPage y la Asociación de Abogados del Estado de Illinois.

Presentemente, trabaja en forma voluntaria en otra Asociación de Abogados de Illinois de acuerdo con la Oficina General del Juez Defensor para proveer servicios legales a bajo costo a los militares que regresan de sus funciones. La licenciada Summers ejerce su profesión en Lisle, Illinois; ciudad aledaña a Chicago.

- **El Seguro Social Preguntas y Respuestas**
- 1-57248-350-4
- 6 x 9
- 208 páginas
- $16.95

Estadísticas recientes indican que casi 6.7 millones de personas reciben pagos administrados federalmente de los ingresos del Seguro Social en el período de un mes. ¿Cuántas de esas personas recibieron realmente el dinero que ganaron?

- **Inmigración a los EE.UU. Paso a Paso, 2E**
- 1-57248-474-8
- 8½ x 11
- 376 páginas
- $24.95

Inmigración a los EE.UU. Paso a Paso está destinado a ayudarle a orientarse a través de los complejos y a menudo confusos tramites de inmigración. Desde las explicaciones básicas sobre los requisitos de elegibilidad a la documentación requerida, y desde la entrevista con el personal del USCIS hasta el tribunal de inmigración, esta guía ofrece la información necesaria para efectuar con éxito una solicitud de visa.

- **Inmigración y Ciudadanía en los EE.UU. Preguntas y Respuestas**
- 1-57248-400-4
- 6 x 9
- 224 páginas
- $16.95

Desde el comienzo del proceso de inmigración hasta la naturalización, *Inmigración y Ciudadanía en los EE.UU. Preguntas y Respuestas* le provee indicaciones muy fáciles para comprender, sino todas, muchas de las preguntas relacionadas con temas de inmigración y ciudadanía que ocasionalmente usted pudiera tener.

- **Guía de Inmigración a los Estados Unidos, 4E**
- 1-57248-475-6
- 8½ x 11
- 248 páginas
- $24.95

¿Tiene usted parientes o amigos que desean inmigrar a los Estados Unidos? ¿Esta usted considerando hacer una inversión comercial o el estreno de una sucursal de su empresa en los Estados Unidos? No es fácil entrar a los EE.UU. Se require cumplir con diversos y complejos reglamentos. Si el solicitante desconoce los requisitos del régimen administrativo, es muy probable que no consiga ingresar a los EE.UU.

- **Guía Esencial para los Contratos de Arrendamiento de Bienes Raices**
- 1-57248-253-2
- 8½ x 11
- 264 páginas
- $22.95

Esta *Guía Esencial para los Contratos de Arrendamiento de Bienes Raíces* le proveerá toda la información que usted necesita para comprender y negociar contratos desde todo punto de vista. Este libro emplea un lenguaje simple para ayudarle a decodificar una gran cantidad de cláusulas y estatutos que forman los tan largos y complicados contratos que se utilizan hoy día.

- **Manual de Beneficios del Seguro Social**
- 1-57248-186-2
- 6 x 9
- 256 páginas
- $18.95

Sus beneficios del Seguro Social pueden ser fundamentales para su bienestar. Escrito por un abogado y ex representante de la Administración de Seguro Social, el Manual de beneficios del Seguro Social le proporciona toda la información fidedigna necesaria para comprender en qué consisten sus beneficios y aprovecharlos al máximo.